» Die beiden wichtigsten Tage in deinem Leben sind der Tag, an dem du geboren wurdest und der Tag, an dem du herausfindest, warum. «

(Mark Twain)

© 2021 Patrick Sascha Ruck

Verlag und Druck:
tredition GmbH, Halenreie 40-44, 22359 Hamburg
www.tredition.de

ISBN:
Paperback: 978-3-347-31558-7
e-Book: 978-3-347-29913-9

Titelbild:
freepik.com
Autorenbild:
Anja Ostermann Fotografie, Utting, Germany

Patrick Sascha Ruck

BENACO BLUES

Eine Liebeserklärung an das Nichts

Das Buch:

Michael Gutmann, Betreiber einer Musik- und Kleinkunstbühne, fiebert seit Wochen dem italienischen Sommer entgegen.

Endlich würde er diese Electra wiedersehen, der er beim Weihnachtsmarkt von Rovereto über den Weg lief und deren Augenblicke sich tief in sein Herz brannten.

Doch schon am ersten Abend wird klar:

Mit Dolce Vita, Flirt und Auszeit hat die heiß ersehnte Reise zum Gardasee nur sehr wenig zu tun.

Stattdessen taucht Michael in ein magisches "Maskenspiel" ein, das ihn in sieben Tagen zu sieben Orten mit sieben seltsamen Begegnungen führt.

Der Autor:

Patrick Sascha Ruck wurde am 10. Februar 1967 im oberbayerischen Garmisch-Partenkirchen geboren. Seit 2009 ist er Chefredakteur und Herausgeber des Printmagazins *FREIZEITSCHRIFT – das Regionaljournal mit Ruck.* Zuvor war er viele Jahre Programmchef von Radio Oberland, wo er die wöchentliche Kultursendung *Funkenflug* moderierte.

2014 veröffentlichte Ruck das Geschenkbuch *Die Seele der Schmetterlinge,* 2017 erschien sein erster Independent-Roman *Der Mann, der sich im Kreis dreht.*

Der Autor liebt Kultur- und Pilgerreisen. Er lebt heute am Ammersee und am italienischen Gardasee.

I

VILLA SILVIA

Seite 7

II

DAS MASKENSPIEL

Seite 47

III

LICHT

Seite 121

IV

ALLES ODER NICHTS

Seite 127

I

VILLA SILVIA

*

Die Veranda, der Himmel, das Licht.

Wieder einmal saß Luciano Benaco in seinem alten Ledersessel und bestaunte das Schauspiel, das der Gardasee mit seinen Strömungen auf das Wasser zauberte. Leichte Wellen, mal silbern, mal golden, dazwischen grün und immer wieder blau. Eingerahmt von schroffen Klippen, sanften Hügeln und mächtigen Bergen, deren Konturen schlafende Riesen in den Himmel malten und an deren Ausläufern sich die hellen Küstenorte wie Perlen aneinander reihten. Manchmal, wenn er Zeit und Raum vergaß, kam es vor, dass er die Natur vor seinen Augen nicht nur bestaunte, sondern sie regelrecht durchschaute. Meist waren dies Momente, in denen sich sein Hiersein exakt an jenem Punkt befand, wo sich Senkrechte und Waagrechte kreuzten, er den Klang der Stille vernahm und sich das Leben stimmig, frei und friedlich anfühlte. Dann wusste er: Nicht das, was er vor sich sah, war wundervoll, nein, das wahrhaftige

Wunder bestand darin, dass er es überhaupt sah! Mit einem Augenlicht, das fähig war, Farben, Formen und selbst das Flimmern der Sommerhitze zu erkennen. Ganz so, als gäbe es eine Kraft, die sich irgendwo in seinem Herzen eingenistet hatte und die durch seine Augen hindurch die Schönheit der Natur bewunderte. Ja, mit einem inneren Blick ausgestattet zu sein, war ein Geschenk Gottes, da es die einzige Möglichkeit war, im Nichts alles und in Allem nichts zu erkennen. Wenn auch nur für wenige Sekunden. Denn kaum hatte sich der große Engel, den er soeben noch in einer der Wolken zu entdecken glaubte, in eine Art Drachenkopf verformt, kam er wieder zu sich. Das Leder, auf dem er ein kleines Stück nach vorne rutschte, quietschte. Er kniff die Augen zusammen, zog an seinem Zigarillo und hängte der Frage nach, wie viele einsame Stunden er seit Mariamas Tod wohl schon hier auf dieser Terrasse verbracht hatte. Und je länger er dies tat, desto mehr sank seine Laune. Aber was soll`s, heute war so oder so ein echter Scheißtag.

Wie sehr er sich am frühen Morgen noch auf diesen sonnigen Sonntag gefreut hatte! Über drei Monate musste er auf die Genehmigung der Behörden warten, doch vor nicht ganz zwei Wochen fischte er dann endlich das Schriftstück aus dem Briefkasten, welches gleich zwei positive Nachrichten enthielt. Zum einen die offizielle Erlaubnis, endlich in der Altstadt von Verona spielen zu dürfen und zum anderen – was für ein Geschenk – die Mitteilung, dass er dies genau heute, an seinem 77. Geburtstag, tun durfte. Gegen Mittag war es dann endlich soweit. Luciano Benaco breitete in Sichtweite der Casa Giulietta seinen Teppich aus, baute den Marshall-Verstärker mit zwei Mikrofonen auf und fing an, leichtlässige J.J.Cale-Songs und kurze Zeit später auch ein paar eigene Blues- und Soulstücke zu präsentieren. Vorwiegend für die vielen Romeos und Julias, die engumschlungen zum Hinterhof der Casa drängten, um sich dort vor Giuliettas Balkon fotografieren zu lassen. Touristen über Touristen, aus aller Herren Länder, ein einziges Kommen und Gehen, ohne Pause. Alles in Reichweite des alten Luciano, der sich an diesem schwülheißen Geburtstag die Finger wund spielte und manchmal auch die Seele aus dem Leib sang. Erst vor fünf Jahren hatte er sich den großen Traum einer eigenen Schallplatte erfüllt, indem er viel Geld in die Hand nahm, um mit ein paar Musikern aus New Orleans das Doppelalbum *Sacred Roots* einzuspielen. Das Ergebnis war eine Zusammenstellung verschiedener Gospelsongs, die er immer schon sehr gerne im Repertoire hatte und meist auf Blues- und Jazzfestivals zum Besten gab. Die dabei live eingespielten Aufnahmen sorgten vor allem bei Straßenauftritten für einen kleinen Zuverdienst, da er die CDs, wann immer es möglich war, im Bauch des geöffneten Gitarrenkoffers aufreihte, in den die vorbeilaufenden Passanten ihre Münzen warfen. Manche von ihnen blieben auch stehen, hörten zwei, drei Stücke lang aufmerksam zu und kauften ihm dann das Album für zehn Euro ab. Besonders hier, in der berühmten Via Cappello, lief das Geschäft prächtig und die Vorstellung, für Verliebte, Verlobte und Verheiratete zu spielen, die seine *Sacred Roots* als Souvenir mit nach Hause nahmen, gefiel ihm sehr. Je länger er musizierte, umso mehr Geldscheine gesellten sich zu den Münzen und fast stündlich musste Luciano seinen Auftritt für kurze Zeit unterbrechen, um das Papiergeld vor Windböen zu schützen, die dann und wann durch die schmalen Gassen der Altstadt wehten. Keine Frage, der Gig hier in Verona lohnte sich und sein Musikerherz lachte. Zumindest bis zum Nachmittag, denn dann passierte es...

Immer mehr Touristen schoben sich an ihm vorbei, die einen nach vorne zur Via Mazzini, die anderen hinunter zu den Brücken der Etsch. Wieder einmal stimmte Luciano Benaco seine akustische Westerngitarre, als plötzlich ein junger Kerl mit verspiegelter Sonnenbrille auf ihn zustürmte, sich die graue Kapuze seines Hoodies über den Kopf zog und blitzschnell hinter den Gitarrenverstärker griff. Genau dorthin, wo die Tasche mit dem Geld lag, mit welcher er in Windeseile und mit slalomähnlicher Geschicklichkeit an den Menschentrauben vorbei Richtung Piazza delle Erbe flüchtete, um sich dort zunächst einmal zwischen den vielen, unübersichtlichen Souvenir-Ständen zu verstecken. Nachdem die Luft rein war und der Langfinger sich sicher war, nicht verfolgt zu werden, spazierte er in aller Ruhe unter der legendären Walrippe hindurch zum Platz der Dante-Statue, wo er in einem versteckten Keller schon seit Wochen sein Diebesgut lagerte. Die Beute heute: 330 Euro in Scheinen, eine angebrochene Flasche Wasser, zwei Päckchen Zigarillos, ein ziemlich verkratztes Zippo-Feuerzeug und ein paar plastikverschweißte Musik-CDs. Sie waren die letzten zwölf Scheiben, die der alte Luciano noch besaß. Der kleine Rest eines großen Musikertraums.

Nun saß er also wieder hier auf seiner Veranda, fühlte für einen winzigen Moment das ewige Nichts und war traurig. Sein Blick wanderte hinüber zur anderen Seeseite und haftete sich irgendwo zwischen Gargnano und Boliaco an der langen, hellen, auffälligen Kulisse eines Palazzos fest. Direkt vor seinen Füßen, in einer Ecke des gusseisernen Geländers, fing eine kleine, gräuliche Spinne damit an, hauchdünne Fäden aus sich herauszupressen und im Gegenlicht der tiefstehenden Junisonne ein Fangnetz zu spannen. Luciano lockerte die Krawatte, zog die Weste aus und krempelte die Ärmel seines schwarzen Leinenhemdes nach oben. Er strich sich kurz durch den Bart, öffnete seine langen, grauen, zu einem Dutt gebündelten Haare und kippte sich mit einem eisgekühlten Gin Tonic den Frust von der Seele. Aufmerksam verfolgte er die dünnen, fast durchsichtigen Strahlen, die sich von der Mitte des Netzes aus zu einem seidenen Labyrinth zusammenknüpften. »Ein winziges Wesen spinnt ein vollkommen perfektes Gewebe, das tausendfach größer ist als es selbst«, staunte er, als plötzlich das Motorengeräusch eines VW-Käfers die Abendstimmung störte. Ein Knattern, das lauter und immer lauter wurde, je anstrengender sich das metallic-grüne Cabriolet den Berg hinaufkämpfte. Luciano stellte das Glas zur Seite und beugte sich neugierig über das Geländer, doch als er das deutsche Nummernschild sah, war klar, wer da gerade eintraf. Der aschblonde Typ mit seinem Dreitagesbart, den grünen Augen und dem grauen Stones-T-Shirt musste dieser Michael sein, den seine Tochter im Winter beim Weihnachtsmarkt in Rovereto kennenlernte.

»Der lebt in Bayern und betreibt dort so etwas wie eine Musikkneipe«, klärte ihn Electra erst gestern noch auf.

*

Jaja, die Begegnung vor der Weihnachtshütte. Michael Gutmann erinnerte sich noch an jede kleinste Szene, obwohl es längst schon sechs Monate her war. Schon im Herbst des vergangenen Jahres nahm er sich vor, zur Adventszeit seinen Weinhändler in Valpolicella zu besuchen, um anschließend auf der Rückfahrt einen Zwischenstopp in Rovereto einzulegen. Wollte er eigentlich in den beiden vorherigen Wintern auch schon tun, doch immer kam irgendetwas dazwischen. Ein Glücksfall, wie sich später herausstellte.

Diesmal klappte es jedenfalls und noch heute geriet er ins Schwärmen, wenn er an die Altstadt von Rovereto dachte, deren Namen die meisten mit einer Autobahnausfahrt zum nördlichen Gardasee und weniger mit einem charmanten Anziehungspunkt im Trentiner Etschtal verbanden. Mit seinem großen Angebot an Kunsthandwerk, dem fast zwanzig Meter hohen Christbaum und den vielen Krippenausstellungen war der weit über Südtirol hinaus bekannte Vorweihnachtsmarkt etwas sehr Besonderes. In drei Tagen war Heiligabend und der Basar strahlte genau jene Ruhe aus, die nötig war, um sich nach der Hektik der letzten Wochen so langsam in Festtagsstimmung zu bringen. Zumal ein eigens ausgeschilderter Parcours mit fast fünfzig Etappen die Besucher durch festlich geschmückte Straßen und viele, verwinkelte Gassen lotste. Stationen, an denen man nicht nur außergewöhnliche Geschenkideen fand, sondern wo auch viele Sehenswürdigkeiten der Stadt besucht werden konnten. Der Weg führte zu venezianischen Palästen und hinunter zu den wilden Ufern des Flusses Leno. Dann wieder hinauf zum spätmittelalterlichen Castello oder auch zur historischen Kaffeerösterei Bontadi. Natürlich streifte der Rundweg auch das MART-Museum für zeitgenössische Kunst und die nur selten geöffneten Ausstellungsräume des Futurismus-Gründers Fortunato Depero. Jener Depero war es auch, der seinerzeit die vier Marmorsäulen in der Via Rialto anfertigte, die noch heute in Form von altgriechischen Karyatiden die beiden Hauseingänge der Buchhandlung und des Hutgeschäftes bewachten. Links das vogelwilde Piccoloblu mit seinen literarischen Werken, rechts die traditionelle Cappelleria Bacca, die auch zweihundert Jahre nach ihrer Gründung noch Hüte und Kopfbedeckungen anfertigte. Und in der Mitte, zwischen Büchern und Hüten, die mit Tannenzweigen und Lichterketten geschmückte Weihnachtshütte und ihren farbenfrohen Herzen. Hunderte, vielleicht auch tausende herzförmige Holzschatullen, jede einzelne von ihnen handbemalt und mit einem altägyptischen Horusauge verziert. Kleine und nicht ganz so kleine Herzen, manche auch etwas größer und einige auch richtig groß. Sie leuchteten in sämtlichen Farben und wohin Michael auch sah, immer blickte er in unzählige, ägyptische Augen, die ihn von allen Seiten ins Visier nahmen. Ein Anblick für Göttinnen und Götter. Im wahrsten Sinne des Wortes.

Er trat einen Schritt zur Seite und sah durch die Glasscheibe hindurch ins Innere des Buchladens. Sein Besitzer, ein älterer, etwas blasser Herr mit Brille, saß hinter einem unaufgeräumten Schreibtisch und vertrieb sich die Zeit damit, Kerzenwachs auf einen Kuchenteller tropfen zu lassen. Der Mann schien ein gewisses Faible für Mark Twain zu haben. Nur so war es zu erklären, dass im Schaufenster nicht nur dessen gesammelte Werke, sondern auch jede Menge Schriften, Plakate und Bücher zu finden waren, die sich sowohl mit Twains Europareisen als auch mit einigen seiner Satireabhandlungen zur US-amerikanischen Oberschicht auseinandersetzten. Michael fiel ein, dass zuhause in seinem Wohnzimmer neben dem kompletten Tom Sawyer-Werk auch das fast fünfhundert Seiten starke *Leben auf dem Mississippi* im Bücherregal stand und er nahm sich vor, den Roman bei nächster Gelegenheit mal wieder in Angriff zu nehmen. Dann schwenkte er nach rechts, um sich in der Capelleria Stetson-Hüte anzusehen, doch soweit kam er erst gar nicht. Zwar waren es von Buchladen zu Hutladen nur ein paar wenige Schritte, doch hierzu musste er die Herzensfrau links liegen lassen und wenn eine schnell daher gesagte Floskel wirklich einmal zu hundert Prozent passte, dann diese hier: An ihr kam er einfach nicht vorbei!

Schon kurz zuvor, als er zum Markt hinunterlief, fiel sie ihm auf. Ihr allem Anschein nach afrikanisches Gesicht war wunderschön und ihr aufgetragener, glänzender Lippenstift passte perfekt zu ihrer pinkfarbenen Strickmütze. Sie durfte etwa dreißig, vielleicht auch fünfunddreißig Jahre jung sein, saß warm eingehüllt in ihrer Holzhütte und machte einen hochkonzentrierten, gleichzeitig aber auch introvertierten Eindruck. Was nicht verwunderte, schließlich malte sie mit dünnen, ziemlich präzisen Pinselstrichen ägyptische Augen auf Holzschatullen, was nicht nur Feingefühl sondern auch absolute Achtsamkeit erforderte. Jetzt aber, als er ein zweites Mal an ihr vorbei lief, legte sie den Pinsel zur Seite und warf ihm mit ihren Blicken ein Lächeln zu, das sich wie ein Blitz tief in sein Herz bohrte. Er stand da wie gelähmt, dann aber wandte er sich leicht verlegen von ihr ab und suchte eine Art Fixpunkt in einer der zahllosen Herzschatullen. Da aber die vielen aufgemalten Motive ihn von oben, unten, links und rechts anstarrten, suchte er dann doch lieber wieder Halt im Lächeln der Standbesitzerin.

Die Frau, so stellte er fest, hatte unglaubliche Augen, deren azurblaue Iris kleine, schwarzdunkle Pupillen umkreisten und die von einem sanften, perlmuttähnlichen Schleier überzogen waren. Wie ein dünner Vorhang, der sich öffnete, sobald sie zu reden begann und der sich wieder zuzog, wenn sie schwieg. Aus ihrem Lächeln wurde ein kurzes Lachen als sie bemerkte, wie Michaels Blicke hilflos umherwanderten.

»Ciao! Buongiorno! Wie geht`s heute?«, sprach sie ihn an.

»Grazie, alles okay soweit. Und Ihnen?«

»Ihr geht es fantastisch«, strahlte die Frau. »Aber sie hat dich hier noch nie gesehen. Woher kommst du?«

»Ich komme aus Deutschland. Lebe in der Nähe von München. Am Ammersee.«

»Aus Deutschland? Was verschlägt dich dann ausgerechnet nach Rovereto?«

»Der Weihnachtsmarkt«, antwortete er noch immer leicht nervös. »Ich wollte hier schon immer mal her, jetzt habe ich es endlich geschafft.«

»Ernsthaft?«. Ihre Augen wurden größer. »Du bist extra von München hierhergekommen, um den Weihnachtsmarkt zu besuchen?«

»Nein, nein«, winkte Michael ab. »Ich bin auf der Durchreise.«

»Wieso? Woher kommst du genau und wohin gehst du?«, lachte sie wieder.

»Ich hatte geschäftlich zu tun. In der Nähe von Verona. Und jetzt fahre ich wieder zurück nach Deutschland.«

»Verstehe. Der Herr ist ein Businessman. Darf sie fragen, was du machst?«

»Naja, Businessman... ich bin Besitzer einer Musikkneipe. Besser gesagt einer Kleinkunstbühne mit Bistro und Barbetrieb. Sie nennt sich KUKUK. Der Name steht für Kunst und Kultur im Keller.«

»Kuckuck? Wie der Vogel?«. Mit ihren Händen imitierte sie zwei fliegende Flügel.

»Ja, nur ohne `c`...«

»Das klingt interessant, sie mag kleine Bühnen. Schon als Kind hat ihr Vater sie schon immer mit zu seinen Konzerten genommen. Aber erzähl`, was macht ein Kneipenchef mitten im Winter in Italien?«

»Wein kaufen. Bekannte von mir besitzen ein altes Weingut bei Negrar. Dort hole ich immer ein paar Kisten Vino. Valpollicella, Classico, Amarone, Ripasso, die ganze Palette.«

»Alles klar, sie sieht schon, du bist ein richtiger Gourmet«, bemerkte sie.

»Ja, geht so. In erster Linie möchte ich unseren Kunden hin und wieder was Besonderes bieten. Für meine Gäste nur das Beste!«, lachte er. »Und du? Stehst hier stundenlang in der Kälte und bemalst bunte Herzen?«

Die Frau nahm einen Schluck Tee, von dem feine Dampfschwaden aufstiegen und von der kalten Winterluft davongetragen wurden.

»Genau das tut sie. Herumstehen und malen. Wenn du das so sehen möchtest, bitte!«, schmollte sie. »Normalerweise verdient sie ihr Brot als Tänzerin. Aber du hast Recht, diese Herzschatullen hier sind ihr Leben. Sie liebt sie. Schon ihre Großeltern stellten sie her und tingelten mit ihnen von Wochenmarkt zu Wochenmarkt.«

Sie griff unter die Theke, holte ein purpurrotes Herz hervor und öffnete seinen Deckel.

»Siehst du? In ihm steckt ein zweites Herz und in diesem auch wieder eines und so weiter. Sie lassen sich alle öffnen und in jedem liegt ein immer noch kleineres Herz.«

»Das erinnert mich an diese russischen Schachtelpuppen. Wie heißen die noch?«

»Du meinst Matroschkas. Ja, das Prinzip ist das Gleiche. Von groß nach klein, immer ineinander...«

»Deine Großeltern. Leben sie auch in Italien?«

»Nein, die sind schon verstorben. Sie waren aus Gambia. Ihre Mutter übrigens auch. Die wanderte dann aber nach Italien aus, um hier zu heiraten. In ihren Adern fließt also afrikanisches und italienisches Blut«.

»Du meinst in deinen Adern?«

»Ja.«

»Warum sprichst du dann von dir immer in der dritten Person?«

»Weil sie nicht Ich ist!«, sagte sie.

»Oha, und wer ist sie dann, wenn sie nicht Du bist?« Er achtete penibel darauf, nicht ironisch zu klingen, aber das war gar nicht so einfach.

»Sie ist Electra, die Frau, die vor dir steht.«

»Ah ja, alles klar.«

In Wirklichkeit war gar nichts klar, doch er spielte das Spiel mit.

»Und ihr Name ist Electra, sagst du?«

»Ja, Electra Fatoumata Benaco. Und du? Wie heißt du?«

»Ich bin Michael. Michael Gutmann. Freut mich wirklich sehr, dich... ähm... sorry... sie... also... Electra kennenzulernen.«

Sie reichten sich die Hände.

»Michael, voll schön, dir begegnen zu dürfen«, erwiderte sie. »Bitte entschuldige, aber sie muss jetzt weitermachen, sonst trocknen die Farben ein. Vielleicht sieht man sich mal wieder?«

»Wer weiß, man sieht sich ja immer zweimal im Leben«, sinnierte er und zum ersten Mal fiel ihm dieser Perlmuttschleier auf, der sich über ihre soeben noch strahlenden Augen legte. Ganz plötzlich sah sie traurig aus und ebenso plötzlich spürte er ein warmes, knisterndes Feuer in seiner Brust. Mit Flammen, deren lodernde Zungen immer höher schlugen.

Es fiel ihm nicht leicht, Electra in ihrer Hütte zurückzulassen, trotzdem spazierte Michael weiter und ging direkt hinunter zum Fluss, wo einige Schreiner oder Handwerker eine vorweihnachtlich geschmückte *Lampedusa-Krippe* errichteten, samt handgeschnitzten Figuren und echten Planken eines afrikanischen Flüchtlingsbootes. Schmale Holzbretter, auf denen kleine Kinder mit ihren Angehörigen die Fahrt über das Mittelmeer überlebten und nach Tagen der Todesangst im Süden Italiens strandeten. Bilder, die ihn auch dann noch beschäftigten, als er längst wieder in das Stimmengewirr des Marktgeschehens eingetaucht war. Lautstarke Stimmen, die nur wenige Minuten später mit einem Schlag verstummten. Genauer gesagt mit dem ersten von insgesamt einhundert Glockenschlägen, die Tag für Tag zum Sonnenuntergang die Nacht einläuteten. Sie gingen von der größten, frei schwebenden Glocke der Welt aus, die auf einem Hügel außerhalb der Stadt thronte und auf die Idee eines gewissen Don Antonio Rossaro zurückging. Um ein starkes Zeichen der Völkerverständigung zu setzen, ließ der Pfarrer Bronzekanonen aller im ersten Weltkrieg verfeindeter Nationen zu einem großen Ganzen zusammenschmelzen, um daraus die *Glocke des Friedens* zu schmieden. Zwanzig Tonnen schwer mit dreieinhalb Meter Umfang, allein ihr Klöppel wog weit über fünfhundert Kilogramm. Um zu ihr zu gelangen, passierte man sämtliche Nationalflaggen dieser Welt und belohnte sich schließlich mit einer atemberaubenden Weitsicht über das darunterliegende Etschtal. Soviel zu Rovereto, der Stadt des Friedens. Von der Autobahnausfahrt *Lago di Garda Nord* nur noch ein Katzensprung entfernt...

Michael lauschte den Glockenklängen von einem kleinen Café aus, welches sich auf der Piazza Battisti gleich hinter dem Neptunbrunnen versteckte. Von hier aus waren es nur noch wenige Meter bis zur Herzenshütte und ihm war mehr wie bewusst, dass wenn er jetzt zurück zum Parkplatz lief und gleich darauf Richtung Brenner startete, er diese wundersame Electra wohl für immer aus den Augen verlieren würde. Ein Blick auf die Uhr, viertel nach Fünf. Er ging hinein zur Bar, legte den Kassenbon auf den Münzteller und bezahlte seine Macchiata. Kurz noch ein Foto von Neptun mit seinem Dreizack, dann überquerte er mit langsamen Schritten die Piazza, um schließlich in die Via Rialto einzubiegen und an der Hauswand entlang auf Electras bunte Herzwelt zuzuschleichen. Sie unterhielt sich gerade mit einer jungen Familie, weswegen er vor dem Schaufenster des Hutladens stehen blieb und abwartete. Doch sie hatte ihn bereits kommen sehen und winkte ihn zu sich her.

»Ciao Michael! Wieder zurück?«. Ihre blauen Augen glänzten wieder, keine Spur von Schleier mehr.

»Ich dachte... also... ich wollte dir noch eine Karte von mir da lassen. Vielleicht können wir ja in Kontakt bleiben?«, schlug er vor und fühlte sich wie ein schüchterner Junge, der endlich seinen inneren Schweinehund überwand und die Schönste der Schulklasse auf dem Pausenhof ansprach.

»Ach, sieh an, du willst mit ihr in Verbindung bleiben.« Es klang mehr nach Feststellung als nach Frage.

»Ja, wirklich, total gerne. Weiß auch nicht warum...«

Sein Herz pochte. Endlich wechselte die Familie die Straßenseite.

»Aber sie weiß es!«, lachte Electra. »Du verliebst dich gerade in sie, stimmt`s?«

»Naja, so schnell geht das nun auch nicht«, stammelte er und staunte über ihre Offenheit.

»Doch, doch, das geht manchmal schneller als man denkt. Oft reicht nur ein erster Blick«, sagte sie.

Sie trat aus der Hütte und kam nach vorne auf die Straße. Indem er auf die antike Fassade über der Hütte zeigte, glaubte er vom Thema ablenken zu können.

»Dieses Haus hier fasziniert mich«, warf er ein.

»Stimmt, das Gebäude hat was, findet sie auch. Es steckt voller Rätsel.«

»Wirklich?«

»Diese Säulen da...«. Sie zeigte auf die vier weiblichen Karyatiden. »... sind nicht einfach nur Eingangssäulen. Wer zum Beispiel durch die beiden Skulpturen hindurchschreitet und die Buchhandlung betritt, findet Wissen für Geist und Seele. Wer wiederum durch die beiden Skulpturen den Hutladen betritt, findet Zeiterscheinungen für Kopf und Körper. Der Raum hier links wendet sich an dein Inneres und der Raum dort rechts an dein Äußeres. Also ihr gefällt diese Vorstellung, dir etwa nicht?«

»Doch, das ist spannend«, bejahte er und versank erneut im Azur ihrer Augen. »Und wie es der Zufall will steht genau zwischen Körper und Seele deine Herzenshütte.«

»Richtig! Sie verbindet Geist und Körper und inmitten all dieser Herzen lebt die Liebe...«

Mit fast kindlichen Hopsbewegungen sprang sie wieder nach hinten, stellte sich in die Mitte der Hütte und breitete die Arme aus.

»Genau hier!!! Umgeben von vielen bunten Herzen, in denen sich viele weitere kleine und große Herzen verstecken.«

Noch ehe Michael auch nur ein Wort dazu sagen konnte, kam Electra wieder heraus und stellte sich von Angesicht zu Angesicht vor ihm auf. So nah, dass er ihren warmen Atem auf seinen Lippen spürte.

»Ich bin die Liebe, die du suchst«, flüsterte sie und sah ihm in die Augen. »Aber die Liebe, die du suchst, schenkt dir erst ihren Kuss, wenn du das Geheimnis ihrer Herzen kennst.«

»Welches Geheimnis?«, fragte er etwas unbeholfen. Doch anstelle einer Antwort drückte sie ihm eine dünne Broschüre in die Hand.

»Hier. Vielleicht brauchst du ja mal ein paar Tage Auszeit.«

Er klappte den Flyer auf. *Villa Silvia. Das kleine Paradies mit großem Seeblick.* Dazu Fotos von Haus, Garten und Gardasee und auf der Rückseite eine Anfahrtsbeschreibung, die Mietpreise für eine Ferienwohnung sowie entsprechende Kontaktdaten.

»Wow, das sieht toll aus. Wer vermietet das? Freunde von dir?«

»Nein, das Haus gehört ihr und ihrer Schwester. Du bist immer herzlich willkommen. Du weißt ja, für unsere Gäste nur das Beste«, zwinkerte sie.

»Okay, mal sehen. Kann gut sein, dass ich bei Gelegenheit noch mal darauf zurückkomme.«

»Oooooh... Electra ist sich ganz sicher, dass du das tust«, sagte sie kess und drehte sich weg.

Erst auf der Heimfahrt, irgendwo zwischen Sterzing und Europabrücke, fiel es ihm wie Schuppen von den Augen! Die ganze Zeit sprach diese Frau von sich immer in der dritten Person, doch ein einziges Mal tat sie es nicht.

»Ich bin die Liebe, die du suchst...«

Sieben Worte, die über Wochen und Monate hinweg seine Gedanken durchkreuzten und die sich immer lauter in sein Hirn hämmerten, je näher der Sommer kam.

*

Ganz klar, Michael Gutmann war mehr wie enttäuscht, dass Electra nicht anwesend war und er
stattdessen von ihrem Vater in der Villa Silvia begrüßt wurde. Noch vor wenigen Tagen schickte sie
ihm eine Sprachnachricht und versprach, ab dem
frühen Nachmittag auf ihn zu warten.

»Mi dispiace Signore, meine Tochter musste
ganz spontan zu einem Tanzfestival nach Padua.
Leider wissen wir noch nicht, wann sie wieder
nachhause kommt, aber wir telefonieren morgen
mal mit ihr«, sagte Luciano Benaco und stieß die
Tür zur Ferienwohnung auf. »Bitte schön! Falls Sie
Fragen haben oder irgendetwas benötigen – wir
wohnen im ersten Stock, genau über Ihnen. Einfach
durch den Rosenbogen und dann die Steinstufen
hinauf. Einen von uns treffen Sie immer an. Entweder mich oder meine Tochter Silvia.«

»Electras Schwester? Daher der Name des Hauses?«

» Si, si, Villa Silvia. Wir haben es nach ihr benannt. Uns gefiel die... äh... wie sagt man noch gleich in Deutschland? La rima...« Luciano bemerkte den silbernen Stecker, den der Fremde am Ohr trug. Ein kleiner Anker.

»Rima? Ach so, Sie meinen Reim. Ja, fast das gleiche Wort, kommt wohl aus dem Lateinischen«, folgerte er, auch wenn sich Silvia seiner Ansicht nach nur bedingt auf Villa reimte, aber was soll`s?

»Reim, rima... siiii... certoooo.... gleiches Wort«, freute sich der Alte. »Sie dürfen auch gerne Silly zu ihr sagen, wir rufen sie alle so. Ich bin übrigens Luciano.«

Silly, Luciano, Electra. Luciano, Electra, Silly. Electra, Silly, Luciano. Michael prägte sich die Namen ein und betrat das Appartement. Zwei gemütliche Zimmer, Küche, Bad, Flur und vor dem Haus eine kleine Sonnenterrasse mit unbezahlbarer Aussicht, die sich vom nördlichen Riva die gesamte Westküste entlang bis in den Süden des Sees zog. Von hier oben aus wirkten die vielen Fahrzeuge unten am Ufer wie bunte Matchboxautos und die über das Wasser treibenden Segelboote erinnerten an schwimmende Haifischflossen. Hier am Fuße des Monte Baldo, inmitten von Olivenhainen, ganz in der Nähe von Pai, einem zweigeteilten Dorf mit zweihundert Einwohnern. Weit oben das höhergelegene Pai di Sopra, eine frühere Hoffestung, deren Bewohner seit jeher ihr tägliches Brot mit Viehzucht, Olivenanbau und Feldarbeit verdienten und unten das direkt am See gelegene Pai di Sotto, wo sich vor allem Fischerfamilien niederließen. Die Villa Silvia wiederum befand sich weder im oberen noch im unteren Dorf, sondern vom Fischerhafen aus ein paar hundert Meter weiter südlich, an den Hängen der Località Moie. Sie aufzusuchen war ein echtes Abenteuer, da sie nirgendwo ausgeschildert war und außerdem am Ende einer sehr steilen, unübersichtlichen Privatstraße lag. Mit gemeingefährlichen Schlaglöchern und mehreren engen Kurven, die jeden, der sich zum ersten Mal mit Auto oder Motorrad nach oben wagte, in Angst und Schrecken versetzte. Doch die Mühe lohnte sich. Diese Ruhe! Diese Weite! Diese Kraft! Alles hier war hell und freundlich, erfüllt von Harmonie. *Das kleine Paradies mit großem Seeblick.* Endlich war er angekommen.

Nachdem Michael seine sieben Sachen eingeräumt hatte und die Abenddämmerung einem violetten Himmel gewichen war, gönnte er sich ein Glas Vino Rosso, klappte den Liegestuhl auf und gab sich dem ausklingenden Zirpen der Grillen hin. Zwei Fledermäuse zappelten durch die Dunkelheit und ganz im Süden stieg gerade das diamantene Funkeln des Abendsterns auf, als völlig überraschend eine robuste Frau mit Karohemd, Latzhose und Gummistiefeln auf ihn zukam.

»Signore Michael? Bitte entschuldigen Sie. Darf ich kurz stören?«

»Buonasera Signora, natürlich, kommen Sie ruhig näher!«. Er richtete sich auf und lief der Frau, die ihn ein wenig an die TV-Serie ` Die Waltons` erinnerte, entgegen.

»Ich bin Silly, Electras Schwester. Seien Sie willkommen. Schön, dass Sie bei uns sind.«

»Ich freu` mich auch riesig«, sagte er.

Kurzes Händeschütteln, Du anbieten, Ciao Michael, Ciao Silly. Mi piacere.

»Bitte verzeihe die Störung, aber ich habe meiner Schwester versprochen, dir noch heute dieses Herz zu bringen. Electra meinte, es gehört dir, du hättest es damals verloren.«

»Ich? Verloren? Wie kommt sie darauf?« Er legte die kleine, herzförmige Schatulle auf seine flache Hand. Sie war türkisblau bemalt und nicht größer wie eine Streichholzschachtel.

»Keine Ahnung. Sie bat mich nur, es dir zu geben«. Dann holte sie aus ihrer Latztasche einen Brief hervor. »Und diesen Umschlag. Wahrscheinlich ein Brief. Hier, bitte!«

»Okay, vielen Dank, da bin ich jetzt aber mal gespannt«.

»Keine Ursache. Dann bis dann. Einen schönen Abend noch. Wir sehen uns morgen.«

»Ja, bis morgen dann. Buonanotte.«

Michael setzte sich wieder, nahm den Herzdeckel ab und staunte nicht schlecht, als er in der Schatulle einen kreisrunden, königsblauen Saphir vorfand, dessen sternförmige Strahlen erst im Licht der Laterne zu sehen waren. Dann öffnete er den Umschlag. Tatsächlich, Electra hatte ihm einen Brief geschrieben. Er nahm einen Schluck Wein und hielt auch ihn ans Licht.

Lieber Michael, bitte glaube mir, es tut mir sehr leid, dass ich nicht in Pai sein kann, wenn du kommst. So gerne wäre ich jetzt bei dir, aber ich kann nicht. Der Tanz ruft! Doch ich freue mich sehr, dass du zu mir gefunden hast und das Geheimnis meiner Herzen entdecken willst. Bevor es aber losgeht, musst du eines wissen: Mein wahres Gesicht verbirgt sich hinter mehreren Masken, doch immer, wenn du ein weiteres Herz gefunden hast, werden dir meine kleinen Liebesbriefe dabei helfen, diese Masken zu durchschauen. Im Moment bist du im Besitz des kleinsten Herzens. Es ist das erste von sieben. Siehst du das Auge?

Michael bewegte das Herz zum Kerzenschein. Ja, das ägyptische Symbol war winzig klein, aber er erkannte es.

Es handelt sich um das linke Auge des Horus, der im alten Ägypten als Gott des Himmels und des Lichts verehrt wurde. Sein rechtes Auge stellte die Sonne dar, sein linkes den Mond. Der Mythos berichtet von einem Streit zwischen Horus und seinem Widersacher Seth, dem Gott der Finsternis. In einem Kampf schlug Seth dem Horus das Mondauge aus und zerschmetterte es, so dass es in sechs Teile zerfiel. Thoth, der Gott der Heilkunst, sammelte die Teile wieder auf und fügte sie zusammen. Das dadurch geheilte Auge übergab er dann wieder dem Horus. Der aber opferte es, indem er es seinem Vater Osiris als drittes Auge einsetzte. Damit erweckte er in Osiris ein neues Bewusstsein und brachte Licht in die Dunkelheit. Hieraus entwickelte sich das Schutzzeichen des Horusauges, welches seit vielen Jahrtausenden sowohl für Ganzheit als auch für Gesundheit steht. In manchen Regionen Afrikas kennen wir das Auge auch als Symbol für Licht und vollständige Heilung.

Bitte nehme nun ein paar tiefe Atemzüge und betrachte das Auge!

Er atmete mehrmals ein und aus und sammelte sich. Eine Minute etwa, dann las er weiter.

In diesem kleinen Auge verstecken sich zwei Fragen. Sobald du dich auf die Suche nach den anderen Schatullen machst, sind diese Fragen immer der Schlüssel, der dir das nächste Herz öffnet. Egal, wo du bist, was du tust oder wem du begegnest – stelle dir immer erst die Fragen: »Wo komme ich her, wo gehe ich hin?«. Zusammen mit dem Sternsaphir sind sie deine Zauberformel!

Michael hielt den Brief noch näher ans Licht.

Nun suche das zweite Herz. Seine Farbe ist indigoblau. Du findest es beim `Baum des Lebens` zwischen

Pai di Sopra und Castelletto di Brenzone. Mein Vater verrät dir den Weg. Frag` ihn einfach!

In Liebe, Electra.

»Klingt aber schon ein wenig nach Schnitzeljagd«, grinste er, trank den Wein aus und zog sich ins Schlafzimmer zurück. Oben auf der Veranda spielte Luciano leise Gitarre und betrachtete dabei die vielen Lichter, die sich zwischen Limone und Gardone wie eine lange, funkelnde Kette im Wasser spiegelten. Ein leichter Windstoß berührte das unfertige Spinnennetz und es dauerte nicht lange, bis der Blues von oben nach unten drang und Michael in einen merkwürdigen Film hineinzog. Ein Traum, in dem er nicht so genau wusste, ob er weinen oder lachen sollte. Und das alles nur wegen einer alten, verbeulten Keksdose aus Assisi.

Immer wieder hatte er sich gefragt, wo seine Mutter wohl all die Jahre ihre kostbaren Juwelen aufbewahrte, die nach ihrer Beerdigung spurlos verschwanden. Jeder, der ihr nahe stand, wusste, dass sie sich zu Lebzeiten gerne mit luxuriösen Goldketten, teuren Armbanduhren und wertvollen Brillantringen schmückte. Eine aufrichtige Diva, die ihren Luxus gerne zur Schau stellte und die noch kurz vor ihrem Tod ihr Testament zugunsten ihres einzigen Sohnes neu aufsetzte. Sie tat es aus Rache und auch als Antwort auf die unzähligen Kränkungen, die sie in ihrer zweiten Ehe ertragen musste. Womit schwarz auf weiß geschrieben stand: Ihr Gatte erbte so gut wie nichts, ihr Sohn dagegen alles! Haus und Hof, Hab und Gut und somit auch Geld und Gold. Was den frisch gebackenen Witwer allerdings nicht davon abhielt, noch vor der Trauerfeier das komplette Haus auszumisten und sich dabei auch gleich Bilder, Fotos und persönliche Dinge seiner Frau unter den Nagel zu reißen. Getrieben von Schmerz, Wut und Habgier raffte er alles an sich, was nicht niet- und nagelfest war. Seinem trauernden Stiefsohn ließ er nichts zurück. Nicht ein einziges Erinnerungsstück.

Und nun die Überraschung! Jahre später! Endlich kam er dazu, die porösen, an manchen Stellen bereits kaputten Jalousien in Mutters früherer Küche auszutauschen. Er stieg auf die Leiter, löste die Schrauben des Rollladenkastens und riss dessen Frontplatte aus seiner Halterung. Doch was war das? Durch den Ruck, den er auslöste, kippte ihm eine verstaubte, rechteckige Dose entgegen, die er gerade noch davon abhalten konnte, herauszufallen und scheppernd auf den Fußboden zu krachen. Er warf den Schraubendreher zur Eckbank, klemmte das Brett in die Aufrollspule und kletterte mit seinem Fundstück wieder nach unten. Dort befreite er die Dose von Staub und Spinnweben und öffnete ihren Deckel. Unglaublich! In der alten, von Rost angefressenen Blechschachtel befanden sich sieben unterschiedlich große, herzförmige Schmuckschatullen und in jeder von ihnen lagen sündhaft teure Juwelen oder glanzpolierte Edelsteine. Nein, er lachte nicht und weinte nicht, aber er wunderte sich, dass er auch nach dem Aufwachen die verstaubte Dose noch längere Zeit vor sich sah. Selbst an die verschnörkelte Aufschrift konnte er sich noch erinnern: *Biscotti di Assisi.* Wirklich ein seltsamer Traum, der ihn in seiner ersten Nacht hier am Gardasee heimsuchte. Schon ziemlich kurios.

Michael blieb noch eine Weile liegen, doch als über dem Baldomassiv die Sonne aufstieg, die die andere Seeseite nach und nach in gelbes Licht tauchte, trat er barfüßig ins Freie und lockerte sich mit ein paar Streckübungen dem neuen Tag entgegen. Dabei dehnte er seinen Kopf leicht nach hinten und sah, wie Luciano ihn von seiner Veranda aus beobachtete.

»Nur wer träumt, kann irgendwann erwachen«, klügelte der Alte und paffte kleine Ringe in die Luft. Zu so früher Stunde klang der Bass in seiner Stimme eine gute Oktave tiefer als am gestrigen Nachmittag.

Michael winkte ihm zu und massierte seinen Nacken.

»Ciao Signore Luciano, guten Morgen!«

»Wir haben frischen Kaffee aufgebrüht. Falls Sie Lust haben, kommen Sie doch hoch«, rief dieser nach unten und winkte zurück.

»Kaffee? Sehr gerne, da sag` ich nicht nein. Ich hatte gar nicht daran gedacht, einen mitzubringen. Muss später noch ein paar Lebensmittel besorgen.«

Jetzt lehnte sich auch Silly über das Geländer und sah zu ihm herab. Frisch geduscht und gut gelaunt.

»Buongiornooo Michele! Falls du Obst oder Gemüse oder sonst irgendetwas brauchst, in Torri ist heute Wochenmarkt.«

»Aja? Gut zu wissen. Ich mach` mich kurz frisch und komme dann nach oben. Bräuchte von euch auch noch eine Wegbeschreibung, bevor ich in den Tag starte...«

»Das denke ich mir«, grinste sie und deutete mit ihren beiden Daumen und den Zeigefingern die Umrisse eines Herzens an.

Luciano holte die dampfende Mokkakanne aus der Küche, stellte drei Tassen auf den Tisch und ließ sich zurück in seinen Sessel fallen. Kurze Zeit später kam Michael nach oben und setzte sich zu ihm.

»Electra erzählte von einem Baum hier in der Nähe. Der Baum des Lebens. Er müsste sich zwischen Pai und Castelletto befinden. Sie meinte, Sie könnten mir den Weg zeigen?«

»Ja, der Lebensbaum. Nicht leicht zu finden«, brummte er. »Am besten, Sie stellen das Auto am Sportplatz ab und laufen von dort aus hinauf zur Piazza und dann weiter Richtung Norden.«

»Sie meinen, erstmal `rauf nach Pai di Sopra?«

Er zeigte Luciano die Markierung auf seiner Google Map.

»Ja, von der Piazza aus laufen Sie dann hinter zur Tronconi-Siedlung. Man kann sie nicht verfehlen, sie liegt am Ende der Straße. Sie besteht aus ein paar alten, grauen Bauernhäusern umgeben von mehreren Olivenhainen. Sobald du – ich darf doch du sagen? - das letzte Gebäude hinter dir gelassen hast, zweigt links ein schmaler Trampelpfad ab. Am besten, du achtest immer auf die rotweißen Markierungen, sie weisen dir den Weg. Nach circa zehn Minuten stehst du dann vor einem alten Gartentor.«

Silly gesellte sich dazu und kämmte ihre tropfnassen Haare.

»Wovon redet ihr?«, wollte sie wissen.

»Vom Baum des Lebens«, antwortete ihr Vater und zeigte mit dem Zigarillo auf sein Gegenüber. »Unser deutscher Gast hier fragt danach.«

»Jetzt schon?« Michael nahm an, dass sie über die Absicht seines Vorhabens im Bilde war, dann ergriff Luciano wieder das Wort.

»Also, zurück zum Gartentor. Es lässt sich von innen öffnen und bringt dich auf eine etwas breitere, asphaltierte Bergstraße. Du läufst erst einmal bergab bis du zu einem Hügel kommst, auf dem links eine pfeilgerade Zypresse steht und rechts eine nicht ganz so hohe Eiche. Sie ist der Lebensbaum, den du suchst! Du erkennst ihn an der halbrunden Sitzbank um seinen Stamm. Von hier aus hast du dann wieder Seeblick. Es ist in der Tat ein sehr bedeutender Ort, wirst sehen.«

»Hast du ihm auch von dem Stein erzählt?«, warf Silly dazwischen und fing an, mit ihren Strähnen einen langen, schwarzen Zopf zu flechten.

»Stimmt, den sollte ich noch erwähnen«, schloss sich Luciano an. »Ein Stück Marmorfels, direkt zwischen den beiden Bäumen. Lass dich einfach überraschen!«

»Wunderbar, dann starte ich langsam mal los. Erst zum Markt und dann zum Lebensbaum«, sagte Michael und ließ den Zuckerlöffel in die Tasse fallen. »Vielen Dank für den Kaffee und grazie mille für die Tipps.«

»Aber gerne«, lächelte Silly. »Carpe Diem! Wir sehen uns später.«

Der alte Luciano sagte nichts mehr, er war längst wieder in den geometrischen Linien des Spinnennetzes vertieft. So sehr, dass er vergaß, an seinem Zigarillo zu ziehen.

II

DAS MASKENSPIEL

*

Es war ein sonniger Morgen mit blauem Himmel und sehr warmer Luft, weshalb Michael davon ausging, dass die Temperaturen im Laufe des Tages noch auf tropische Werte ansteigen würden. Er steuerte den Käfer zunächst zum Castello von Torri, wo er noch einen der letzten, freien Parkplätze erwischte und von wo aus er sich direkt in das Touristengewühl des Marktes stürzte. Die vielen Verkaufsstände ignorierte er, er wollte nur kurz frühstücken und auf dem Rückweg ein paar Nahrungsmittel einkaufen. Vor allem aber wollte er keine Zeit verlieren, sondern noch vor der Mittagshitze im Schatten des Lebensbaums sitzen.

Ein Großteil des Marktes verlief an der Burgmauer entlang bis vor zum Hafen und ein nicht ganz so großer Teil befand sich weiter hinten am Kirchplatz. Dazwischen verlief die lange Via Dante Alighieri mit ihren kleinen, charmanten Geschäften, den farbenfrohen Kunstateliers und ihren Eisdielen oder Cafés. Eine echte Bilderbuchgasse mit alten, schrägen Häusern, vor deren Fenster sich farbenprächtige Hängepflanzen nach unten stürzten und deren bunte Türen die Geheimnisse der Hinterhöfe vor neugierigen Blicken schützten. Auch hier gab es zwei, drei Marktstände, aber die schmale, zur Fußgängerzone umfunktionierte Straße war lange nicht so überlaufen wie der Abschnitt am Hafen oder der runde Platz an der Kirche. Michael wählte ein Bistro namens *Bar David* aus, in welcher Musik von Bob Marley nach außen drang. Er ließ sich eine frisch gepresste Spremuta mit gefülltem Schokocroissant bringen und beobachtete durch die Sonnenbrille hindurch das vorbeiziehende Geschehen. Gleich im Anschluss besorgte er in einem Supermarkt Kaffee, Nudeln und mehrere Liter Wasser, dann ließ er sich an einem der Marktstände ein paar Tomaten und frischen Käse abwiegen und klemmte sich schließlich beim Verlassen des Weinladens zwei Flaschen Lugana unter den Arm. Keuchend schleppte er die Einkäufe zum Auto, klappte das Stoffdach nach hinten und knatterte nach etwa einer Stunde wieder zurück nach Pai di Sopra. Auf der Piazza wurden gerade die Tische der Pizzeria Apollo aufgedeckt und gleich gegenüber, vor der ehrwürdigen Locanda San Marco, faltete eine zierliche, blonde Kellnerin Stoffservietten. Bei ihr versicherte er sich, den richtigen Weg Richtung Tronconi eingeschlagen zu haben.

»Si, si, immer dort entlang«, zeigte die Frau, die allem Anschein nach Carla hieß, da plötzlich jemand lautstark ihren Namen kläffte und sie blitzschnell die Servietten fallen ließ, um zurück in die Küche zu hetzen. Noch immer zwitscherten Bob Marleys *Three Little Birds* im Ohr, deren *Singin` Sweet Songs* erst verklangen, als die ersten, grauen Bauernhäuser in Sichtweite waren, die Luciano erwähnte. Sie bauten sich auf einer Anhöhe auf und an manchen Stellen erinnerten sie an eine Ritterburg, deren Tore und Fenster verschlossen waren. Nur ein paar Hunde gab es, deren wechselseitiges Jaulen sich wie eine Art Geheimsprache anhörte. Michael dachte sofort an einsame Wölfe, die bei Nacht durch dunkle, verlassene Dörfer streunten und Monat für Monat den vollen Mond anheulten. Weit und breit war kein Mensch zu sehen und als das Gejaule in knurrendes Bellen überging, hielt er kurz den Atem an, ganz so als könnte er sich dadurch unsichtbar machen. Dann aber legte er einen Zahn zu und war mehr wie erleichtert, als er nach wenigen Schritten den rot-weiß bemalten Steinbrocken sah, an welchem der Trampelpfad aus der Siedlung hinaus ins Gestrüpp führte. Ein recht enger, unebener Weg, der sich an knorrigen Olivenbäumen und brüchigen Steinmauern entlang ins Dickicht schlängelte und nach einer kurzen Wanderung an einem verrosteten Gartentor endete. Anfangs zögerte er, da das Gatter verschlossen war und ein Privatschild eindeutig darauf hinwies, dass er ab hier fremdes Territorium betrat. Doch ob er es wollte oder nicht, die Neugier auf Electras zweite Herzschatulle ließ ihm keine Wahl. Also griff er über das Tor und entriegelte das Schloss. Schock! Wieder stockte ihm der Atem! Direkt vor seinen Füßen bäumte sich eine lange, schwarze Natter auf, die sich sogleich wieder an der heißen Steinmauer entlang von ihm wegschlich und mit einem Rascheln in die Büsche huschte. Schreck lass` nach! Der aber ließ erst dann nach, als Michael den Hügel mit den zwei Bäumen erblickte. Luciano hatte nicht zu viel versprochen. Auf der Lichtung streckte eine toskanische Zypresse ihre Spitze in den Himmel, rechts davon hielt eine alte Eiche schützend ihre dicken Äste über eine kleine Rastbank und genau dazwischen schlief der rötliche

Fels. Ein etwa zwei Meter langer, wuchtiger Stein-
klotz aus echtem Veroneser Marmor auf dessen
Oberfläche ein kreativer Bildhauer die Umrisse des
Gardasees herausfräste und sie mit bläulichem Glas
auffüllte. Nein, man brauchte nicht im Besitz hoch-
sensibler Antennen zu sein, um die Strahlkraft dieses heiligen Altars zu spüren und es waren auch
keine Adleraugen nötig, um die indigoblaue Herzschatulle zu entdecken, die sich unterhalb des Fel-
sens versteckte. Was Michael allerdings brauchte,
war eine kurze Pause, denn der Weg von Pai zum
Baum war anstrengender als er anfangs dachte.
Sein Atem war schwer und sein T-Shirt schweißver-
klebt, als er sich auf die sonnengebleichte Holzbank
fallen und sich von der Eiche beschatten ließ. Mit
einem fast kindlichen Gefühl der Freude, soeben
einen echten Schatz gefunden zu haben, öffnete er
das Herz und fand darin ein zusammengefaltetes
Stück Papier. Es war Electras zweiter Liebesbrief.

*Mein lieber Michael, du weißt, die wahre Liebe
küsst dich erst, wenn sämtliche Masken fallen und du
mein Geheimnis lüftest.*

Hier nun meine erste Maske: Die Angst!

Eine Angst, die mit anderen Ängsten nicht ver-gleichbar ist und die größer wird, sobald ich sie ableh-ne und die kleiner wird, sobald ich sie annehme. Es ist die Angst vor Nähe und Geborgenheit. Sie ist die erste Maske, die abgelegt werden muss, weil sie dich daran hindert, alle weiteren Masken zu durchschauen, die mein wahres Gesicht verbergen.

Er drehte den Brief um und las weiter. Für die Rückseite benutzte Electra einen roten Buntstift.

Lege nun das türkisblaue Herz in dieses hier und verschließe es. Dann begib dich auf die Suche nach der nächsten Schatulle. Ihre Farbe ist taubenblau. Du fin-dest sie im Klostergarten von Frassino, einem heiligen Ort am südlichen Ende des Gardasees.

In Liebe, Electra.

Noch lange versank Michael im Glitzern der Ju-nisonne, die ihre Diamanten auf die Wellen des Gardasees warf. Wellen, die erst in die eine und dann in die andere Richtung trieben und die Um-kehr von Nordwind zu Südwind ankündigten. So lange, bis die Sonne ihren Zenith erreichte und gnadenlos vom Himmel brannte. Er breitete die Arme aus, lehnte sich an die Eiche und verabschie-dete sich mit einer Umarmung vom Lebensbaum.

Beim Weggehen tastete er noch seine Taschen nach dem türkisenen Herzen ab und legte es in das indigoblaue. Es passte perfekt.

*

Für heute war es genug und er nahm sich vor, den Rest des Tages unten am Strand zu verbringen. Doch als er die Markteinkäufe sah, die im Fußraum des aufgeheizten Autos auf ihn warteten, verwarf er sein Vorhaben wieder und fuhr zurück zur Villa Silvia. Eine schattige Siesta mit einer Mark Twain-Biographie war ja auch nicht ohne. Schnell eiskalt duschen und schon war der Sonnenstuhl in Flachlage gebracht, in der er sich erst einmal in einen kurzen Nachmittagsschlaf schnarchte. Zwischendurch schlich immer mal wieder Silly vorbei, die schon den ganzen Tag Gartenabfälle zu einer Feuerstelle brachte. Vom alten Luciano hingegen war nichts zu sehen. Der tauchte erst wieder auf, als es Abend wurde und Michael bereits vor seinem zweiten Aperitivo saß.

»Du wirkst nachdenklich«, stellte er fest und zupfte an den Saiten seiner Gitarre. Womit er gar nicht so falsch lag. Dass Electra schon den zweiten Abend in Folge nicht hier war, enttäuschte Michael weiterhin. Hinzu kam, dass ihn noch immer der Inhalt ihres zweiten Briefes beschäftigte.

»Nein, nein, alles in Ordnung«, winkte er ab. »Habt ihr Electra schon erreicht?«

»Ja, wir haben mittags mit ihr telefoniert. Sie ist noch in Padua. Arbeiten.«

»Was genau macht sie dort eigentlich?«, fragte er.

»Sie springt für eine erkrankte Kollegin ein. Beim Afrikafestival. Schon mal davon gehört?«, mischte Silly sich ein.

»Nein, noch nie.«

»Ein Riesenspektakel mit vielen verschiedenen Bühnen, Ausstellungen, Essensständen und afrikanischen Aufführungen. Electra tritt dort mit einem traditionellen Liebestanz auf. Sie beherrscht ihn richtig gut.«

»Wirklich? Das klingt aufregend, da wäre ich jetzt gerne im Publikum. Afrikanische Liebestänze kenne ich nur vom Hörensagen. Live erlebt habe ich leider noch nie einen. Hat bestimmt wahnsinnig viel Kraft und Energie, was?«

»Vielleicht tanzt sie ja mal einen für dich, wenn sie zurück ist«, lachte Luciano und klimperte halb lässig, halb konzentriert weiter.

»Wisst ihr denn schon, wann sie wieder zurück sein wird?«

»Leider nicht. Das Festival läuft noch die ganze Woche. Ich denke, sobald die andere Tänzerin wieder fit ist. Das kann morgen oder übermorgen sein oder auch erst in ein paar Tagen«, antwortete Silly.

»Hoffentlich so schnell wie möglich«, bemerkte Michael und sah sehnsüchtig auf den See. Doch Luciano ließ nicht locker.

»Hey, Deutscher. Irgendwas beschäftigt dich. Vielleicht war es doch keine so gute Idee, dir den Weg zum Lebensbaum zu verraten?«

»Doch, doch, der Ausflug war grandios. Aber ich frage mich die ganze Zeit, warum wir Menschen uns immer so sehr nach Nähe sehnen und dann doch wieder so große Angst vor ihr haben«. Von Electras Liebesbrief erzählte er natürlich nichts.

»Was für eine Frage!« Luciano holte zwei kühle Moretti aus der Küche.

»Bier?«

»Gerne.«

»Zum Wohl!«

»Salute...«

Luciano klappte den Gitarrenkoffer zu, strich sich durch den grauen Bart und fuhr fort.

»Hm... ich glaube, so ziemlich jeder Mensch trägt sein Leben lang die Angst in sich, verletzt oder verlassen zu werden. Vielleicht sogar schon von Geburt an.«

»Wieso glaubst du das? Warum von Geburt an?«

»Von dem Moment an, in dem wir das Licht der Welt erblicken. Du darfst nicht vergessen, dass wir bis zu diesem Augenblick mit der Geborgenheit des Mutterleibes verbunden waren. Und plötzlich, mit nur einem Schnitt durch die Nabelschnur, werden wir getrennt und in die Welt geschickt. Klingt selbstverständlich, ist aber ein großes Thema, da bin ich mir sicher.«

»Mag sein, aber ich verstehe den Zusammenhang nicht ganz. Was hat diese Trennung mit Angst und Hoffnung zu tun?«

»Die Antwort liegt bereits in deiner Frage. Wir haben Sehnsucht nach Einheit und gleichzeitig auch Angst vor Zweiheit«, philosophierte Luciano. Seine dunklen Augen blitzten kurz auf.

»Aber sind denn dann nicht sämtliche Liebesbeziehungen zum Scheitern verurteilt? So ein Trennungstrauma tragen wir doch alle in uns.«

Längeres Schweigen. Keine Antwort.

»Hattest du denn schon einmal Angst vor Nähe und Geborgenheit?«, hakte Michael nach.

»In jungen Jahren mehr wie genug...«, setzte Luciano das Gespräch fort, »...bis mir eines Tages ein Licht aufging. Dazu musste ich aber erst durch die Hölle der Todesangst schreiten.«

Michael war erleichtert, dass er die Frage nicht allzu persönlich nahm. Er wollte nicht übergriffig sein.

»Warum, was war passiert?«

»Willst du es wirklich wissen?«

»Ja, Daddy, erzähl` ihm deine Geschichte!«, funkte Silly dazwischen und legte ihrem Vater die Hand auf die Schulter. Und Luciano Benaco erzählte:

»Es war in den Achtzigerjahren. Ich war damals Besitzer eines Musik- und Schallplattenladens mit einer kleinen Verkaufswerkstatt für Instrumente. Ganz in der Nähe von Verona.«

Seine Stimme klang tief und auffällig ruhig.

»Ein, zweimal im Jahr sperrte ich den Laden zu und ging auf Reisen. Meistens mit Rucksack Richtung Asien, Afrika oder Südamerika. So auch im Spätsommer des Jahres 1984, als ich für ein paar Wochen nach Gambia flog, weil ich hoffte, dort eine echte, handgeschnitzte Buschtrommel zu finden. Eines schönen Tages steckte ich ein bisschen Geld ein und wanderte am Strand entlang zu einer Beach Bar, um dort die Erlebnisse eines Safaritrips in mein Reisetagebuch zu schreiben. Ich hatte noch kein Wort zu Papier gebracht, da kamen zwei einheimische Jungs zu meinem Tisch. Einer der beiden sah recht unterernährt aus und trug lange, verfilzte Rastalocken. Der andere war ziemlich kräftig, mit kahl geschorener Glatze. Er war es auch, der das Gespräch begann.

»Hello, my friend! Ich kenne dich aus dem Hotel. Ich arbeite dort im Garten, aber uns Angestellten ist es leider nicht erlaubt, ausländische Gäste anzusprechen. Deswegen tue ich es hier. Du bist mir schon am ersten Tag aufgefallen und ich wollte dich fragen, ob du vielleicht Interesse daran hättest, meinen Großvater kennenzulernen? Er lebt außerhalb der Stadt in einem kleinen Vorort und ist der Dorfälteste. Du würdest ihm eine große Ehre erweisen, wenn er dich empfangen dürfte. Es kommt nicht sehr oft vor, dass er in seinem Haus Gäste aus Europa begrüßt.«

Sein Kumpel, der Rasta, nickte erwartungsvoll und ich hatte zu keinem Zeitpunkt das Gefühl, den beiden nicht vertrauen zu können. Zumal ich bei meinen Reisen immer schon auf Neues aus war und es sehr schätzte, mit mir bis dahin völlig unbekannten Kulturen in Kontakt zu kommen. Ein alter, weiser Mann? Der Dorfälteste? Warum nicht?«

Luciano kramte seine Zigarillos hervor und nahm einen großen Schluck Bier.

»Also ging ich mit. Wir liefen zunächst an einer langen, breiten Straße entlang, die vom Meer ins Landesinnere führte. Schon da hätte mir ein erster

Warnschuss auffallen müssen! Direkt neben uns peitschte ein funkensprühendes Stromkabel auf den Boden, das nur wenige Meter über uns mit einem ohrenbetäubenden Knall aus der Trasse gerissen wurde. Ich wollte es erst nicht glauben, aber die Jungs liefen weiter, als wäre nichts geschehen. Wahrscheinlich erlebten sie das hier öfters, dachte ich mir noch und fing an, mich mit dem Dreadlock über Reggae, Haile Selassie, Jamaica und die Rasta-fari-Bewegung zu unterhalten. Unter anderem auch darüber, dass das westliche Babylon eines Tages untergehen und sich die Überlebenden am Berg Zion versammeln würden. Zu diesem Zeitpunkt ahnte ich noch nicht, dass mir mein Wissen über die Glaubensrichtung der Rastafari womöglich auch mein Leben retten würde.

Wir kamen zu einem großen Platz mit Zelten, in denen Klamotten und Souvenirs angeboten wurden und wo einige Touristen umherliefen, deren Anwe-senheit mir ein wenig Sicherheit gab. Doch als die beiden Kerle mich in ihre Mitte nahmen und wir immer tiefer in die kleinen Gassen des Marktes ein-drangen, fühlte sich plötzlich gar nichts mehr sicher an. Es war bereits früher Abend und mir wurde schlagartig klar, dass ich hier ohne fremde Hilfe niemals wieder herausfinden würde. Tja, und dann wurde es mit einem Schlag dunkel! Stockdunkel! Denn kaum verschwand die Sonne am Horizont, brach die Nacht über uns herein. Tiefblaue, dunkelgraue und schließlich rabenschwarze Nacht und weit und breit kein Licht in Sicht. Nur Kerzen, hier und da auch Fackeln vor den Zelten und hunderte Blicke, die mich bis in die allerhintersten Gassen verfolgten. Ein Europäer, der sich in ihre Slums verirrte! Für die Menschen, die dort lebten, war das das reinste Spektakel. Und auch vom sagenumwobenen Großvater war plötzlich keine Rede mehr. Stattdessen fragte mich der Kahlgeschorene, ob ich Palmwein probieren wolle.

Palmwein, das wusste ich, war trotz der strengen religiösen Vorschriften Gambias illegale Volksdroge, deren gegorener Saft aus Palmen gesammelt wurde. Ich nahm das unmoralische Angebot an und hoffte, dass die beiden mich dann schnellstmöglich wieder zurück zum Hotel eskortierten. Doch sie brachten mich zunächst zu einem versteckten Hinterhof, in dem mehrere Männer um ein großes Feuer saßen. Ihre weißen Augäpfel starrten mich erstaunt und entrückt an. Ich zitterte am ganzen Körper und mit einem Schlag wurde mir klar, dass ich absolut verloren war. Kein Mensch würde mich jemals finden, sollte mir hier und jetzt irgendetwas Schlimmes zustoßen. Tja, und dann war sie da, die Todesangst!«

Er machte eine kurze Pause und atmete tief durch, während Sillys Hand sich nervös in seine Schulter krallte. Michael saß regungslos daneben und blickte über den See.

»Der Kahlgeschorene verschwand kurz in einer der Wellblechhütten und kam mit einer abgefüllten Palmweinflasche zurück zum Lagerfeuer. Hier, macht einhundert Dollar, sagte er und hielt die Hand auf.

»Aber ich wollte doch nur probieren«, konterte ich ängstlich.

»Nein, du wolltest die ganze Flasche, also her mit dem Geld«. Der Glatzkopf wurde lauter.

»Tut mir leid, aber ich habe keine einhundert Dollar bei mir. Hätte ich sie, ich würde sie dir auf der Stelle geben.«

Jetzt schrie er: »Hundert Dollar! Sofort!!!«

Ich kramte ein paar heimische Dalasi hervor, doch die Scheine waren höchstens zehn oder zwölf Dollar wert. Mir schossen Tränen in die Augen.

»Hier, mehr besitze ich nicht! Du musst mir glauben, bitte!«

Der Typ schnappte sich das Geld, dann ließ er ein Klappmesser aufspringen und durchwühlte mit der anderen Hand meine Taschen, in denen sich aber nur noch das Notizbuch und mein Tabakbeutel befanden. Sein muskulöser Körper bebte vor Wut und als er begriff, dass sich sein Überfall nicht wirklich lohnte, verwandelte sich seine komplette Mimik in die Fratze einer kalten, blutrünstigen Bestie. Okay, jetzt war es vorbei, dachte ich. Ich schloss die Augen, betete ein schnelles, wirres Vaterunser und gab mich dem hin, was gleich passieren würde. Doch inmitten dieser Todesangst sah ich vor meinem inneren Auge eine strahlend weiße Hand, die den Angreifer auf Abstand hielt. Und tatsächlich, wie vom Himmel geschickt, schob sich der Typ mit den Dreadlocks zwischen uns, nahm seinem Kumpel die Waffe ab und meinte: Lass ihn, der Italiener ist in Ordnung, er ist ein Rasta. Prompt zog die Bestie ab und flüchtete in die Dunkelheit, während mich

mein Reggaefreund zumindest noch bis zur Haupt-
straße brachte, die an der kaputten Stromtrasse
entlang zum Meer führte.«

Michael sprach kein Wort. Trotz des lauen Som-
merabends lief ihm ein eiskalter Schauer über den
Rücken.

»Was ich dir mit dieser Geschichte mitgeben
möchte, ist folgendes: In genau dem Moment, in
dem ich meiner Angst keinen Widerstand mehr
leistete, war sie verflogen. Wie Nebelschwaden, die
bis in die kleinsten Zellen des Körpers eindrangen
und sich langsam auflösten. Von diesem Tag an
spürte ich, dass Ängste immer nur kommen und
gehen und daher keine Macht über mich haben. Tja,
und als ich dann gleich am nächsten Morgen Mariama kennenlernte, gab es keine Zweifel mehr. Mir
war sofort klar, dass mir hier am Strand von Gambia jene Frau über den Weg lief, mit der ich eine
Familie gründen wollte. Klingt crazy, ich weiß, aber
ich erkannte in diesem Augenblick, dass ich zwar
Angst habe, ich aber nicht meine Angst bin! Alles
was es zu tun gab war, die Angst, eines Tages von
ihr getrennt zu werden, in Nebelschwaden umzu-
wandeln. Und als wir uns dann wenige Tage später

am Flughafen verabschiedeten, hatte die Sehnsucht nach Einheit die Angst vor Zweiheit ein für alle Mal besiegt.«

»Mein Gott, was für eine Geschichte«, seufzte Michael. »Und weiter? Habt ihr euch irgendwann mal wiedergesehen?«

»Ja, nur wenige Wochen später wanderte sie nach Italien aus und wir lebten eine Zeitlang gemeinsam in meiner Wohnung in Villafranca. Ein knappes Jahr später kam dann auch schon Electra zur Welt«. Ein Lächeln legte sich auf seine Lippen, als er Sillys Hand von seiner Schulter nahm. »Und keine zwei Jahre danach Silvia.«

»Aber geheiratet habt ihr nie, oder?«

»Dazu hätte entweder sie zum Christentum oder ich zum Islam konvertieren müssen. Das wollten wir beide nicht. Aber das war uns auch nicht wirklich wichtig. Das Ja-Wort gaben wir uns jeden Tag von neuem und die einzigen Trauzeugen, die wir dabei haben wollten, waren Gott und Allah«, antwortete er augenzwinkernd.

»Und wo ist Mariama heute? Lebt sie auch hier bei euch?«

»Nein, sie lebt überhaupt nicht mehr. Sie ging vor drei Jahren von uns«, antwortete Silly.

Der Gast aus Bayern fragte nicht weiter.

*

Am nächsten Tag wachte Michael in aller Herr-
gottsfrühe auf. Es war noch dunkel, als er den Motor
seines Käfers anwarf und sich auf die menschenlee-
re Gardesana Richtung Süden begab. Nachdem er
Bardolino und gleich danach Cisano hinter sich gelassen hatte, verspürte er Lust auf einen Abstecher
und bog an der Stadtmauer von Lazise rechts ab.
Vor allem in den Morgenstunden hatte der Ort seinen ganz besonderen Reiz. Die Gassen der Altstadt
schliefen noch, nur die Uferpromenade lud bereits
einige Frühaufsteher zum Joggen und Walken ein.
Er betrat den Ortskern durch das Nordtor und lief
über den langen Corso bis vor zum Rathausplatz,
wo er sich in der erstbesten Pasticceria von einem
leicht übermüdeten Barista eine Latte Macchiato
aufdampfen ließ. Endlich ging auch die Sonne auf,
weshalb er hinüber zum alten Hafen spazierte, auf
einer Bank Platz nahm und sich vom Morgenlicht

ins Gesicht lachen ließ. Nach und nach füllte sich der Platz mit Menschen, deren laute Buongiorno-Rufe sich unter das knarzende Schaukeln der Fischerboote legten. Manche, meist Einheimische, fanden sich in kleinen Gruppen zusammen und tratschten, die meisten aber schienen Urlauber zu sein, die mit Taschen, Körben und Rucksäcken bewaffnet ihren Feldzug durch die Schuhgeschäfte und Klamottenläden antraten. Einige führten Hunde an der Leine, andere wiederum schoben Kinderwägen vor sich her und Michael fiel auf, dass nur wenige von ihnen einen glücklichen Gesichtsausdruck hatten. Was ihn nachdenklich stimmte.

Er checkte kurz sein Handy, schwang sich wieder auf und öffnete die Tür der San Nicolò Kirche, die hier seit achthundert Jahren die Hafenfestung von Lazise bewachte. Doch zu seiner Überraschung war das Gotteshaus völlig leergeräumt. Keine Kniebänke, keine Stühle, kein Weihwasserbecken, auch keine Bilder, Kerzen oder Blumen. Nichts. Nur einen Holztisch und ein uraltes, brüchiges Fresko gab es zu sehen, ansonsten glich der Innenraum der Kirche einer verlassenen Fabrikhalle. Ganz so, als hätte jemand alles Materielle zur Seite geräumt, damit sich die Energie der jahrhundertealten Gebete frei entfalten konnte. Michael vergewisserte sich, dass er ungestört war, dann nahm er die Stufe zum früheren Altarraum und presste seine Hände auf die Tischplatte. Vielleicht, so bildete er sich ein, luden sie sich ja mit dieser kraftvollen Energie auf. Was natürlich völliger Quatsch war.

Zurück zum Auto und mit laut aufgedrehten Springsteen-Songs am Gardaland vorbei zur *Madonna del Frassino*. Der Pilgerort lag etwas südlich von Peschiera und man konnte von Marienwundern halten was man wollte, aber der Ursprung dieses Ortes warf Fragen auf und war dem Anschein nach weit mehr als nur eine Legende. Denn warum sonst wurde ausgerechnet hier eine Kirche errichtet und nicht, wie so oft, an einem Platz, der schon in vorchristlicher Zeit für Kultrituale genutzt wurde? Dem Glauben nach wurde genau an dieser Stelle ein Bauer namens Bartolomeo von einer giftigen Schlange bedroht. Als er hilfeflehend zum Himmel blickte, erschien ihm in den Ästen einer großen Esche eine lichtumhüllte Muttergottes und besänftigte das Tier. Um ihrer Dankbarkeit Ausdruck zu verleihen, errichteten die Bewohner von Peschiera im Jahre 1515 eine kleine Kapelle, die im Laufe der Zeit zu einer Wallfahrtskirche mit allerhand Gemälden und

Stuckarbeiten heranwuchs, unter ihnen auch sehr wertvolle Werke des Veroneser Künstlers Paolo Farinati. Eigentlicher Magnet aber blieb bis heute die Stelle, an der das Marienwunder geschah. Zu finden in einem Seitenschiff, in der die Reste der Esche noch immer verwurzelt waren und in deren Ästen eine kleine Madonna mit Kristallstrahlen die Herzen der Menschen mit Licht berührte.

Gleich dahinter lag der Klostergarten, von dem Electra in ihrem zweiten Liebesbrief sprach. Eigentlich waren es zwei abgetrennte Hinterhöfe mit Wandelgängen, die dem heiligen Franziskus gewidmet waren. In einem der Gärten befand sich ein Brunnen, in welchem Goldfische und Schildkröten traurig vor sich hinlebten, im anderen ein großer Käfig, in dem unzählige Kanarienvögel um die Wette zwitscherten. Wie wohl der tierliebe Rebell aus Assisi hierauf reagiert hätte?

Michael bemerkte einen Mönch, der stillschweigend seine Runden drehte und dabei mit langsamen Schritten von einem Hof in den anderen schlich. Er wartete eine Weile, fasste sich ein Herz und begrüßte den Meditierenden. Der sah nur kurz auf und nickte, doch nach einigen Minuten führte ihn seine

Gebetsrunde wieder zurück zum Ausgangspunkt und sie kamen ins Gespräch.

»Bitte verzeihen Sie«, sagte Michael, »ob ich Sie wohl kurz unterbrechen darf?«

»Kein Problem, verehrter Bruder. Was kann ich für dich tun?«

»Nun, ich bin auf der Suche nach einer blauen, herzförmigen Holzschatulle«. Er griff in seinen Rucksack und holte das zweite, indigoblaue Herz hervor, in dem das erste, türkisblaue lag. »Sie ist etwas größer wie diese hier.«

Der Geistliche betrachtete das Herz und faltete die Hände.

»Das ist ja eine schöne Überraschung!«, freute er sich. »Aber natürlich. Ja. Wenn du kurz hier wartest, hole ich sie. Ich bewahre sie in meinem Zimmer auf. Gleich nebenan in der Casa Francescana.«

Der Mönch verschwand durch eine der Türen und ließ Michael im Garten zurück, wo er die Gelegenheit nutzte, sich an den Innenwänden des Brunnenhofes all die Heiligenbilder anzusehen. Sie waren so zahlreich, dass er fast die Schrift übersah, die mit goldenen Buchstaben in einem massiven

Barockrahmen eingefasst war. Das Friedensgebet von Assisi.

»Herr, mache mich zum Werkzeug deines Friedens, dass ich Liebe übe, wo man sich hasst, dass ich Versöhnung bringe, wo man sich kränkt, dass ich Einigkeit bringe, wo Zwietracht ist, dass ich den Glauben bringe, wo Zweifel quält, dass ich die Hoffnung bringe, wo Verzweiflung droht, dass ich die Freude bringe, wo Traurigkeit ist und dass ich das Licht bringe, wo Finsternis waltet.

Oh Meister, hilf mir, dass ich nicht so sehr danach verlange, getröstet zu werden, sondern zu trösten, nicht nur danach verlange, verstanden zu werden, sondern zu verstehen, nicht nur danach verlange, geliebt zu werden, sondern zu lieben.«

Der Franziskanermönch kam zurück und brachte die taubenblaue Herzschatulle. Auch sie war mit einem goldenen Horusauge verziert.

»Ich danke Ihnen von Herzen«, sagte Michael und ließ das gute Stück in seinem Rucksack verschwinden. Anschließend zeigte er auf das gerahmte Gebet und meinte: »Das sind selten schöne Worte. In ihnen spiegelt sich die ganze Zärtlichkeit göttlicher Liebe wieder. Schwer vorstellbar, dass es

Menschen gibt, die glauben, Gott könne hartherzig sein und Sünder bestrafen.«

Der Priester, der sich mittlerweile als Bruder Salvatore vorgestellt hatte, nahm die Daumen aus der Kordel und verschränkte die Arme. Er tat dies immer, wenn er etwas Wichtiges zu sagen hatte, was Michael natürlich nicht wissen konnte. Weshalb er in der Geste des Mönches zunächst eine Abwehrhaltung vermutete.

»Aber nein«, lächelte er sanft. »Meiner Meinung nach ist es Gottes Liebe, die alle Lebewesen miteinander verbindet. Eine Liebe, die so grenzenlos ist, dass sie uns Menschen erlaubt, aus Fehlern zu lernen und uns selbst zu vergeben. Ein sündhaftes Leben gibt es nicht, aber wir haben die freie Wahl, ob wir Gottes Liebe erwidern oder nicht.«

»Da sprechen die Kirchen aber eine andere Sprache«, konterte Michael. »Schon als Kind wurden uns ständig Schuldgefühle eingeimpft.«

»Ja, ich weiß. Das ist leider das Dilemma, in dem die Kirche steckt. Ihre Sprache erreicht die Wirklichkeit nicht. Anstatt Angst zu verbreiten, sollten wir den Menschen Vertrauen schenken.«

Er war überrascht, dass der Kirchenvertreter ihm beipflichtete.

»Vertrauen schenken? Vertrauen in was?«, wollte er wissen.

»Vertrauen in den göttlichen Weg, den jeder von uns auf seine ganz eigene Art beschreitet. Ginge es nach mir, die Kirche würde die Zeichen der Zeit endlich erkennen und versuchen, die Menschen mit all ihren seelischen Kämpfen besser zu verstehen. Wir brauchen einen Neustart für eine lichtvolle Zeit, in der Barmherzigkeit zurückkehrt und Einschüchterungen der Vergangenheit angehören. Zu Jesus kamen die Leute doch auch, um von ihren geistigen und körperlichen Leiden erlöst zu werden. Er war ein Seelsorger und Heiler, kein Richter und Henker.«

»Aber brauchen wir denn dann überhaupt noch so etwas wie ˋKircheˋ?«

»Gegenfrage«, warf Salvatore ein und legte die Hände zusammen. »Hatte Jesus so etwas wie ˋKircheˋ nötig?«

Die Frage beschäftigte Michael noch länger, selbst dann noch, als er Frassino längst verlassen hatte und wenig später auf der Piazza von Cavaion auf sein Mittagessen wartete.

»Nein, Jesus benötigte gar nichts, nur sich selbst.«

Zufrieden mit dieser Antwort öffnete er die neue Schatulle, nahm einen großen Schluck Vino Frizzante und legte Electras nächsten Brief auf den Tisch.

Mein lieber Michael, die erste Maske ist gefallen. Die Angst vor Trennung ist überwunden, die Sehnsucht nach Nähe hat sich durchgesetzt. Doch es war nur die erste Maske, unter der sich eine zweite befindet:

Die Maske der Gedanken!

Denn so sehr ich es auch versuche, es gelingt mir nicht, das Denken abzustellen. Ständig komme ich ins Grübeln und sehe Bilder vom Scheitern der Liebe. Und ja, ich mag vielleicht angstfrei sein, aber mich quälen Fragen. Hat Liebe Zukunft? Kann Liebe lieben? Oder denken wir nur, dass wir uns lieben?

Er nahm die Karaffe, schenkte nach und las die Rückseite:

Lege nun das zweite Herz in das dritte und suche das vierte. Seine Farbe ist gletscherblau. Du findest es bei den historischen Felszeichnungen von Crero.

In Liebe, Electra.

In der Küche der `Locanda Centrale` fing Marco gerade damit an, den frisch gewürfelten Bauchspeck mit etwas Butter zu erhitzen, Reis dazuzugeben und alles ein paar Minuten rösten zu lassen. Dann löschte er den Reis mit einem Glas Lugana ab und fügte geschnittene, grüne Spargelstücke bei. Während er rührte, gab er eine Messerspitze Safran dazu und immer wieder gekochtes Salzwasser. Abschließend nahm er den Reis vom Feuer und garnierte ihn mit Butter und Parmesan. Wieder rührte und schwenkte er, dann durfte das cremige Risotto endlich auf den vorgewärmten Teller. Er wischte sich die Hände an seiner Schürze ab, dekorierte die Speise mit sechs weiteren Wildspargelstangen und brachte Michael sein duftendes Mittagsmahl. Risotto mit Safran, Speck und Spargel. Göttlich.

*

Wieder zurück in Pai, lief er Silly in die Arme, die seine Abwesenheit nutzte und mit einem Gartenschlauch die Steine der unteren Terrasse abspritzte.

»Buonasera Michele«, begrüßte sie ihn und schob die Krempe ihres Strohhuts nach hinten.

»Michele? Du machst mich langsam zum Italiener«, schmunzelte er.

»Warum nicht? Vielleicht bist du ja einer von denen, deren Herz längst schon italienisch schlägt.«

»Ja, warum eigentlich nicht?«. Er zuckte mit den Schultern. »Deine Schwester ist noch nicht wieder aufgetaucht, oder?«

»Nein, leider nicht. Sie scheint wohl immer noch in Padua zu sein.«

»Alles klar«, erwiderte er resigniert und steckte den Schlüssel ins Schloss. Silly bemerkte seine Ernüchterung und versuchte, ihn aufzuheitern.

»Mach` dir nicht zu viele Gedanken. Sie ist näher bei dir als du glaubst«, versicherte sie. »Lass´ uns lieber mal darüber nachdenken, warum du immer so viel nachdenkst.«

»Wie bitte?«

»Ja, lass` uns Spaß haben und Gedanken über das Denken machen«, lachte sie laut.

Michael ging hinein, holte die Herzschatullen aus dem Rucksack und öffnete das Fenster.

»Wir könnten uns aber auch Gedanken darüber machen, ob man jemanden liebt oder ob man eventuell nur denkt, dass man ihn liebt«, rief er nach draußen und setzte sich auf die Fensterbank.

»Puh, jetzt willst du`s aber wissen, was?«, antwortete Silly und dachte nach. »Nein, ich glaube Lieben und Denken gleichzeitig funktioniert nicht! Wer denkt, benutzt seinen Verstand, doch die Liebe liegt außerhalb des Verstandes. Meinst du nicht?«

»Weiß nicht...«, antwortete er knapp.

Sie zeigte mit dem Gartenschlauch auf den meterhohen Bananenbaum, der sich unterhalb der Ferienwohnung aufbaute und dessen eingedrehte Blätter kurz davor waren, sich zu entfalten.

»Sieh dir die Staude an«, sagte sie. »sie steht nur da, wächst in die Höhe und ist glücklich. Sie denkt sich nicht »heute bin ich happy, hoffentlich bin ich es morgen auch noch...«. Sie ist einfach nur da und breitet ihre majestätischen Blätter aus. Ganz ohne Wenn und Aber.«

»Wie auch? Eine Banane hat ja auch kein Hirn, das sie sich ständig zermartert«, lachte nun auch er.

Sie legte den Schlauch zur Seite und lehnte sich zu Michael ans Fensterbrett.

»Richtig erkannt. Und mit der Liebe ist es nicht sehr viel anders. Sie ruht in ihrem Hiersein und möchte sich einfach nur entfalten. Würde sie sich auch nur einen einzigen Gedanken darüber machen, ob sie auch morgen noch im Sein ruht, würde sie sich selbst vernichten.«

»Einfach sein und lieben ohne zu denken. Ja, ich weiß was du meinst«, bestätigte er. »Nur, wozu brauchen wir dann überhaupt unseren Verstand?

Die Welt wäre voller Liebe, würde der Mensch seine Gedanken einfach mal unterdrücken.«

Jetzt mischte sich auch Lucianos tiefer Bass in das Gespräch. Er stand oben beim Spinnennetz und hörte den beiden aufmerksam zu.

»Wie der Name schon sagt. Den Verstand brauchen wir, um zu verstehen«, murrte er. »Es macht absolut keinen Sinn, Gedanken zu unterdrücken, da sie zu dir gehören und du damit einen Teil von dir selbst bekämpfen würdest. Aber du kannst diesen Verstand benutzen, um deine Gedanken zu beobachten.«

»Aber nicht, wenn dir die Liebe den Verstand raubt«, warf Michael nach oben.

»Gerade dann!«, warf Luciano zurück. Der Zigarillo in seinem Mundwinkel wippte auf und ab, wenn er redete. »Nur ein Beispiel. Stell dir vor, du bist Hals über Kopf verliebt und denkst dir: Genau dich brauche ich! Du bist der Mensch von dem ich geliebt werden möchte und der mir fehlt, um ein erfülltes Leben zu haben. Und solltest du dich irgendwann einmal von mir abwenden, dann werde ich sehr eifersüchtig sein und dich hassen.«

»Oh Gott, das klingt ja furchtbar«, kommentierte Silly.

»Nein, warte ab. Du könntest dir ja auch denken: Genau dich will ich! Dir möchte ich näher kommen. Ich bin neugierig darauf, was du in mir auslöst und mir widerspiegelst. Ich möchte mich mit ganzem Herzen auf diese Erfahrung einlassen und bin dankbar dafür, mich durch dich besser kennenzulernen.«

»Das hört sich schon besser an«, meinte Michael und zeigte mit dem Daumen facebookmäßig nach oben.

»Also ich verstehe dich so, dass der Verstand nötig ist, um zwischen zwei verschiedenen Gedanken zu entscheiden«, sprach Silly zu ihrem Vater. »Also macht es überhaupt keinen Sinn, sie zu unterdrücken. Im Gegenteil, wir sollten mit unserem Verstand üben, Gedanken zu beobachten und alles auszugrenzen, was der Liebe im Wege steht.«

»So sehe ich das auch«, stimmte Luciano zu. »Wenn du immer nur verliebt und glücklich wärst, wie könntest du dann wissen, was Glück und Liebe eigentlich sind? Wir brauchen unseren Verstand, um zu unterscheiden und um das eine mit dem anderen vergleichen zu können.«

Das Gespräch war beendet. Silly spritzte den Bananenbaum mit Wasser ab und ging nach oben, wo der alte Luciano längst wieder in seinem Sessel saß und den Balanceakt der kleinen Spinne verfolgte.

Und Michael? Der ließ den Tag Revue passieren, holte noch einmal Electras Liebesbriefe hervor und bedankte sich bei seinen Gedanken.

*

Epiphania war eine Kräuterfrau mit schlohweißen Haaren, die in einem der alten Rusticohäuser lebte, auf die man zufuhr, sobald man die enge, kurvenreiche Bergstraße nach Crero hinter sich gelassen hatte. Eine echte Kinderbuchhexe, deren ganze Aufmerksamkeit dem Pflücken ihrer Salbeiblüten galt und die gar nicht daran dachte, den Kopf zu heben, um zu sehen, wer da gerade an ihrem Gartenzaun lehnte.

»Jaja, die Felszeichnungen«, raunte sie nur. »Gleich nach dem Ristorante rechts in die Gasse und dann weiter bis zum Wald, immer dem Percorso del Pellegrino nach.«

»Va bene, ich denke, ich werde sie finden, vielen Dank für die Auskunft«, rief Michael über den Zaun. Doch noch immer war ihr Salbei wichtiger.

Nicht lange und er stand vor einem Wegweiser, der Wanderfreunde und auch Mountainbiker zur berühmten Roccia Grande führte. Eine schräg abfallende, fast glatt polierte Steinplatte, die sich gut fünfzig Meter lang an den Berg schmiegte und auf der, bei genauem Hinsehen, Felsgravierungen zu erkennen waren. Sie stammten von Jägern und Hirten, die in prähistorischer Zeit durch diese Gegend zogen und ihre Spuren hinterließen, indem sie mit harten Steinen verschiedene Symbole in die Felswand ritzten. Zum Beispiel betende Figuren und christliche Kreuze aber auch Motive wie das einer Himmelsleiter oder eines Labyrinths, das Michael allerdings mehr an ein Mühlespiel als an einen Irrgarten mit Mittelpunkt erinnerte. Es befand sich ziemlich weit oben, fast am Ende der Steinplatte und bot den besten Aussichtsplatz. Er ließ sich nieder, ließ den kleinen Sternsaphir von einer Hand in die andere fallen und träumte sich über den See hinweg auf die Gipfel des Monte Pizzocolo. Schon Mittwoch, dachte er, und Electra war noch immer nicht da.

»Du suchst eine gletscherblaue Herzschatulle, stimmt`s?«

Erschrocken sprang er auf, drehte sich um und konnte gerade noch sein körperliches Gleichgewicht halten, um nicht rückwärts bergab zu kippen. Dummerweise verlor er dabei den Stein, der daraufhin über die Felsplatte schlitterte und erst ein paar Meter weiter unten von einem Dornbusch aufgefangen wurde. Direkt vor ihm stand die alte Frau aus dem Dorf. Sie kam aus dem Nichts!

»Jetzt haben Sie mir echt einen Schrecken eingejagt!«, sagte er. »Ich habe Sie gar nicht kommen hören.«

»Das tut mir sehr leid, das war keine Absicht«. Und ehe Michael sich versah, sprang die Frau an ihm vorbei, um den Saphir zurückzuholen. Unfassbar, die Greisin war bestimmt weit über achtzig Jahre alt und eilte die Felswand hinunter wie eine flinke, aufgescheuchte Steinböckin.

»Das wäre jetzt aber wirklich nicht nötig gewesen, ich hätte ihn später gesucht«, bedankte er sich.

»Aber später ist nicht jetzt«, grinste die Alte und hielt den Saphir in das blendende Licht der Mittagssonne. »Der ist sehr schön, aber er könnte ein wenig klarer sein. Am besten, du legst ihn bei Vollmond in eine Schale Wasser und stellst diese dann über

Nacht ins Freie. Dann lädt er sich neu auf und bekommt seine Klarheit zurück.«

»Werde ich mir zu Herzen nehmen«, sagte er. »Sie kennen sich aus mit Steinen?«

»Ich kenne mich mit allen Elementen aus. Feuer, Erde, Wasser, Luft. Auch mit Heilkräutern, Steinen, Sternen und Planeten.«

»Dann sind Sie so etwas wie eine Hexe oder Zauberin?«

»Wer weiß, vielleicht... zumindest sehe ich was, was du nicht siehst«, grinste sie und gab ihm den Saphir zurück.

»Sie meinen die Herzschatulle?«

»Nein, ich weiß, dass sie die dort oben liegt«. Sie zeigte mit dem Finger zu einer Felsfläche, die senkrecht aus dem Berg ragte und wie ein schützendes Dach über dem Hang schwebte. Sie diente wohl schon einigen Wanderern als Unterschlupf, zumindest deutete eine kleine Feuerstelle darauf hin. »Aber ich sehe Antworten auf deine Fragen«, ergänzte sie.

»Dann wohl eher eine Hellseherin. Welche Fragen?«, fragte er.

»Frag` einfach! Oder gibt es nichts, was du wissen möchtest?«

Michael zögerte. Er fühlte sich nicht wirklich wohl in seiner Haut. Die Alte überrumpelte ihn und brachte ihn aus der Fassung.

»Leben Sie hier in Crero ?«, wollte er wissen und ihm war klar, wie dämlich diese Frage in diesem Moment war.

»Seit fast neunzig Jahren«, antwortete die Frau. »Das war aber jetzt nicht wirklich das, was du wissen willst, oder?«

Wieder überlegte er. Dann aber fiel ihm Electras erster Liebesbrief ein.

»Das ist schon sehr seltsam. Schon die ganze Zeit frage ich mich, wo ich herkomme und wo ich hingehe? Und jetzt kommen Sie und wollen mir Fragen beantworten. Das ist doch verrückt.«

Die alte Frau trat näher und blickte über den See.

»Nun, sagen wir es so. Woher du kommst und wohin du gehst... solche Fragen kannst nur du dir selbst beantworten. Aber ich kann dir erzählen, was du über dich wissen solltest, würdest du hier und jetzt der Liebe deines Lebens begegnen.«

»Ach?«

Jetzt wurde er neugierig. Nein, er brannte vor Neugier.

»Ja. Aber du müsstest mir einen kleinen Gefallen tun.«

Die Frau packte ihn am Arm und sie kletterten nach oben zur Feuerstelle.

»Ich müsste dort hinauf, da befindet sich mein magischer Kreis.«

»Aber das ist viel zu hoch. Wie wollen Sie da hinkommen. Wir bräuchten so etwas wie eine Leiter.«

»Du meinst eine Räuberleiter«, erwiderte sie und drückte ihm ihre Fäuste auf die Schultern.

»Aber...« Den Rest verschluckte er. Natürlich war die alte Frau in der Lage dazu. So flott wie die den Saphir zurückbrachte war das hier kein Problem für sie.

»Dann los! Auf geht`s! Avanti!«, befahl sie und wartete bis Michael die Finger ineinander verkeilt hatte. Im Nullkommanichts stieg sie mit ihren Stiefeln in seine Hände, hievte sich auf seine Schultern und kletterte mit einem Satz nach oben zur Kante.

Unfassbar. Da saß sie nun. Mit baumelnden Beinen, hoch über seinem Kopf.

»Che bellissimo! Wie sehr ich diesen Platz liebe!«, schwärmte sie, stemmte sich auf und verschwand aus seinem Blickfeld.

»Ich bin gleich wieder zurück. Nicht weglaufen!«, vernahm er noch dumpf.

Erst jetzt begriff Michael, wie skurril die ganze Szene hier war. Vielleicht halluzinierte er oder er taumelte durch eine äußerst merkwürdige Vision? Doch bevor ihn die Situation beunruhigen konnte, hörte er wieder ihre Stimme.

»Bist du so nett und holst mich zurück?«

So schnell wie die alte Epiphania den Felsen erklomm, so zackig war sie auch wieder unten. Und mit ihr die vierte Herzschatulle, die allem Anschein nach irgendwo dort oben darauf wartete, entdeckt zu werden. Sie setzten sich an die verkohlte Feuerstelle und noch bevor er auch nur ein Wort anmerken konnte, begann die Hexe mit ihren Ausführungen.

»Also, eines muss von vorneherein klar sein. Wer auch immer deine Liebe ist, muss wissen, dass du in

keiner Weise den üblichen Vorstellungen eines Ge-
liebten entsprichst. Wenn du wirklich gebraucht
wirst, bist du selten da. Du glaubst an deine Freiheit
und lebst auch danach. Man könnte auch sagen, du
bist nicht unbedingt der beste Heiratskandidat, weil
du eigentlich nur mit Menschen zurechtkommst,
die keinerlei Ansprüche an dich stellen. Einschrän-
kungen kannst du nicht ausstehen, weil du frei denken, handeln und dich nach Lust und Laune bewegen willst. Kurz und gut, um zu bleiben, musst du
kommen und gehen dürfen. Deine Unabhängigkeit
geht dir über alles und du gehörst zu den ganz wenigen Menschen, denen eifersüchtiges Verhalten
völlig fremd ist. Daher darf auch der Mensch an
deiner Seite weder argwöhnisch noch missgünstig
sein. Und schon gar nicht besitzergreifend! Genau
genommen muss er wie du auch in der Lage sein,
sein eigenes Leben zu führen.«

Wumm! Das saß. Michael fühlte sich ertappt und
in vielen Dingen durchschaut. Er erkannte sich in
vielerlei Hinsicht wieder.

»Jaja, die Liebe ist ein Spiegel, ein Buch mit sieben Siegeln«, fügte sie noch geheimnisvoll hinzu

und überreichte ihm Electras Herz. »Du bist nicht verheiratet, habe ich Recht?«

»Nein, noch nie gewesen«, antwortete er kleinlaut.

»Das dachte ich mir«, lachte sie laut und hüpfte den Berg hinunter. »Pass` gut auf dich auf! Und lade deinen Saphir wieder auf!«

Dann war sie weg, die gute, alte Epiphania aus dem Bergdorf Crero.

Er öffnete das gletscherblaue Herz und las den neuen Liebesbrief.

Mein lieber Michael, du bist auf einem guten Weg. Die Masken der Angst und der Gedanken sind entfernt. Doch noch immer zeigt sich nicht mein wahres Gesicht. Denn auch die nächste Maske muss fallen.

Die Maske der Wünsche!

Was mache ich nur falsch? Warum erfüllen sich meine Wünsche nicht? Was kann ich tun, damit mein Herzenswunsch in Erfüllung geht? Das Verlangen, dir mein wahres Gesicht zu zeigen. Der Wunsch, dich zu küssen!

Und auf der Rückseite, wie immer mit roter Schrift:

Lege nun das dritte Herz in das vierte und finde das fünfte. Seine Farbe ist petrolblau. Du findest es in der alten Burg von Malcesine, dort wo zwei Seelen in einer Brust wohnen...

In Liebe, Electra.

Michael blieb noch lange auf den Felsplatten liegen und verlor sich in der Weite des blauen Himmels. Erst als eine größere Wandergruppe den Berg hinauf kletterte, hangelte er sich vorsichtig nach unten und ging gutgelaunt den Percorso del Pellegrino zurück zum Dorf und noch ein paar Meter weiter bis zur alten San Siro Kapelle. Ihre Tür war verschlossen, aber der Blick von hier über Pai und Brenzone bis zur Burg von Malcesine stand meilenweit offen.

*

Noch am selben Abend überredete Silly ihn, mit ihr gemeinsam einen der seltenen Live-Auftritte ihres Vaters zu besuchen. Ein Freund der Familie, Andrea Benato, betrieb im Nachbarort Castelletto die rustikale, bei Kennern und Insidern sehr beliebte Trattoria Sarsissa und veranstaltete während der Sommerzeit immer wieder kleine Open-Air-Events. Für heute hatte er einen deutschen Schriftsteller eingeladen, der sich mit seiner Erzählung von *Der Mann, der sich im Kreis dreht* schon in den vergangenen Jahren einen Namen machte. Der Roman spielte unter anderem am Gardasee und mauserte sich vor allem bei deutschsprachigen Urlaubern zu einer sehr beliebten Strand- und Urlaubslektüre. Rechtzeitig zur bevorstehenden Hochsaison warf der Autor dann den zweiten Teil auf den Markt, den er auch in diesem Sommer wieder in verschiedenen Restaurants und Hotels präsentierte. Mit *Die Frau, die mit den Sternen tanzt* knüpfte er nahtlos an den ersten Roman an und schickte seine beiden Protagonisten, die Edelhure Chiara Bianchini und den Schriftsteller Joseph Wassermann, auf eine einjährige Hochzeitsreise quer durch Italien. Um die Lesung musikalisch zu umrahmen bat Andrea seinen alten Kumpel Luciano Benaco, die Gitarre mitzubringen und zwischen den einzelnen Passagen ein paar Bluesstücke zu spielen. Essen und Trinken gingen selbstverständlich aufs Haus. Nicht nur für Luciano und den Vorleser, sondern auch für Silly und Michael, die zwar verspätet, aber punktgenau zu jener Szene eintrafen, in der die frisch verliebten Romanfiguren mit einem gecharterten Segelboot von der Punta San Vigilio nach Gardone übersetzten, um in André Hellers botanischem Garten vor den Traualtar zu treten.

Starke Worte, dachte Michael, als die Szene beendet war und Luciano anfing, seine Gitarre neu zu stimmen. Der Wein floss mittlerweile in Strömen und der fast volle Mond tauchte die gut gefüllte Dorfpiazza in ein bläulich bluesiges Silber.

»So schade, dass Electra an einem so schönen Abend nicht bei uns sein kann«, bedauerte Luciano, nachdem die Lesung vorüber war und er mit einigen Richie Havens-Songs seinen Auftritt zu Ende brachte. Silly schenkte drei weitere Gläser Weißwein ein und überlegte, was sie gerade sagen wollte. Dann fiel es ihr wieder ein.

»Ach ja, ich fahre morgen früh ins Einkaufszentrum nach Affi. Brauchst du irgendetwas, Michele? Soll ich dir was mitbringen?«

»Nein danke, sehr nett von dir, ich bin wunschlos glücklich.«

»Wunschlos glücklich?«. Lucianos Augen blitzten wieder. »Bist du dir da sicher?«

»Soweit schon, ja«, antwortete Michael und kratzte leicht nervös am Etikett der Flasche.

»Und wenn aus dieser Weinflasche jetzt ein guter Geist käme und dir einen einzigen Wunsch erfüllen würde. Gäbe es da nichts?«

»Nein, eigentlich nicht«, wehrte er leicht angesäuselt ab und blickte mit einem Auge in die Flasche. Dann aber platzte es aus ihm heraus. »Also gut, dann würde ich mir wünschen, endlich Electra wiederzusehen.«

»Jetzt wird`s aber interessant«, stichelte Luciano und suchte die Tischdecke nach seinem Zigarillo ab, das während seines Auftritts ausgegangen war. »Und was, wenn dein Wunsch plötzlich in Erfüllung gehen würde und sie noch heute Abend hier auftaucht?« Er sagte es, als könne er seine große Tochter mit einem »Abrakadabra« aus dem Hut zaubern oder sie mit einem Fingerschnipp von Padua nach Castelletto beamen lassen.

»Dann würde ich aufstehen, zur Mitte der Piazza gehen und mich vor Freude im Kreis drehen«, fantasierte Michael und griff nach Lucianos Benzinfeuerzeug, um ihm mit einem typischen Zippo-Klack den Tabakstumpen wieder anzuzünden. Der Alte zog zwei, dreimal daran, prüfte ob er glühte und redete weiter.

»Aber nicht lange! Irgendwann ist der Tanz vorbei und dann kannst du darauf warten, bis du einen neuen Wunsch verspürst, was wollen wir wetten?«

»Warum glaubst du das ?« Er dachte an den Liebesbrief und an die dritte Maske, die fallen musste.

»Weil die Erwartung eines Wiedersehens mit Electra in deiner Gedankenwelt passiert. Einmal mehr ist es nur dein Verstand, der sich wünscht, nicht länger von ihr getrennt zu sein. Aber hast du dich schon mal gefragt, warum du diese Erwartung hast? Was genau steckt hinter deinem Wunsch?«

»Keine Ahnung, warum muss man immer alles hinterfragen? Ich fühle mich einfach nur zu ihr hingezogen. Ich kann es nicht wirklich erklären.«

»Gut so. Da kommen wir dem Ganzen schon näher«, knurrte Luciano. »Dein Verstand besteht darauf, dass das ewige Warten ein Ende hat, dein Herz hingegen sehnt sich nach einer Wiedervereinigung. Klingt zunächst sehr ähnlich, ist aber ein großer Unterschied.«

»Ich kapier` überhaupt nichts mehr, sorry«, gab Michael zurück. Es war fast Mitternacht, der Wein stieg ihm zu Kopf und er war hundemüde. Doch jetzt legte der alte Musiker erst richtig los.

»Pass´ auf, ich versuche es dir zu erklären. Es gibt Wünsche und es gibt Sehnsüchte. Wünsche spielen sich in deinem Kopf ab, Sehnsüchte hingegen in deiner Seele. Wenn jetzt deine Wunschgedanken nicht mit deinen Sehnsüchten übereinstimmen, dann kannst du dir wünschen was das Zeug hält, sie werden sich nicht erfüllen oder zumindest nur sehr schwer. Besser du hinterfragst deine Wünsche immer erst! Kommen sie aus dem Verstand oder aus dem Herzen? Vielleicht möchte ja deine Seele einer Sehnsucht nachgehen und das Gefühl von Glückseligkeit erfahren?«

»Du meinst, ich soll den wahren Grund herausfinden, warum ich Electra unbedingt wiedersehen möchte?«

»Ja, frage immer nach dem Warum! Die Antwort, die sich dabei zeigt, ist enorm wichtig, da es nicht die Gedanken sondern die Gefühle sind, die Herzenswünsche nach außen strahlen und somit ihre Erfüllung ins Leben ziehen. Du vermisst Electra und du möchtest sie nach so langer Zeit endlich wiedersehen. Das ist absolut verständlich, doch dieses Du ist nicht dein Ich. Dein Ich sehnt sich danach, aus Einsamkeit Zweisamkeit zu machen. Warum? Weil du mit ihr Einheit erfahren möchtest. Sobald du das verinnerlicht hast, steht der Vollendung deines Wunsches nichts mehr im Wege. Das verspreche ich dir.«

Michael schnappte nach Luft, doch es half nichts, er war betrunken. Seine Zunge war mittlerweile so locker, dass er kurzerhand Luciano mit seiner Gitarre ins *KUKUK* einlud.

»Irgendwann nächstes Jahr, Anreise, Verpflegung, Übernachtung, geht alles auf mich«, lallte er.

»Cool, die Einladung nehme ich gerne an. In Dießen war ich schon ewig nicht mehr.«

»Wie? Du warst schon mal am Ammersee?«, fragte Michael ungläubig.

»Ja, ist schon ein paar Jahre her. Bei einem Bluesfest mit ein paar deutschen Kollegen. Stoppok, Worthy, Wetsox und wie sie alle heißen. Das Ganze fand in einem Park etwas außerhalb des Ortskerns statt. Mit einem Monopteros als Bühne. Irgendwas mit Schicki oder Schacka, weiß nicht mehr genau.«

»Das kann eigentlich nur unser Schacky-Park sein«, staunte Michael. »Das ist ja wirklich ein Ding! Darauf müssen wir noch eine Runde trinken!«

Doch bevor er in seiner Euphorie auch noch dem Schriftsteller am Nebentisch auf die Pelle rückte, brachte Silly ihn vorsichtshalber zurück zur Villa Silvia. Wo er mit Jeans, Hemd und Schuhen aufs Bett fiel und in seinem Kopfkarussell davon träumte, wie Electra in einer Hängematte lag und ebenfalls träumte. Von zwei Kindern, die einen Weg entlanghüpften, miteinander tobten und mit einem

Schlag in Deckung gingen und sich vorsichtig duckten. An einer Weggabelung.

»Pssst! Wir müssen jetzt ganz leise sein«, flüsterte das Mädchen. Sie nahm den Jungen bei der Hand und sie schlugen den linken der beiden Wege ein. Dann, hinter einer Anhöhe, kamen sie zu einem prachtvollen Garten. Mit einem kleinen, wunderschönen Haus in seiner Mitte.

»Eines Tages möchte ich auch in so einem Bauernhaus leben«, sagte sie und sah ihn verträumt an.

»Das ist wirklich sehr schön«, nickte der Junge, nicht weniger verträumt.

»Aber mein Haus wird noch viel, viel schöner sein«, schwärmte sie und streckte sich, um einen raschen Blick durch eines der Fenster zu werfen.

Sein Herz klopfte. »Ob hier wohl jemand wohnt?«

»Nein, ich denke nicht, dass hier noch jemand lebt«, antwortete das Mädchen. »Sollen wir mal hineingehen?«

»Ich weiß nicht so recht. Was, wenn doch jemand im Haus ist?«

»Da ist ganz bestimmt niemand. Und falls doch, rennen wir einfach ganz schnell davon.«

Sie öffneten vorsichtig das Gartentor und drangen in das fremde Anwesen ein. Der Duft von Lavendel lag in der Luft. Auf Zehenspitzen schlichen sie zum Haus und je näher sie kamen, desto fester hielten sie ihre Hände. Sie wussten, dass sie etwas Verbotenes taten, doch genau das war der Reiz.

»Sieh mal, die ist ja nur leicht angelehnt«, rief der Junge erregt. Er stupste die alte, knarzende Holztür leicht an, dann stieß er mit dem Fuß fest dagegen und plötzlich geschah es! Tausende, abertausende Schmetterlinge flatterten durch die weit geöffnete Tür ins Freie. Ihr Ansturm löste Schrecken aus. Was für einen Orkan so viele dünne, zerbrechliche Flügel auslösen konnten! Die beiden Kinder zitterten vor Angst und für einen kurzen Augenblick fühlte es sich so an, als würden sie sich nie wieder loslassen. Damit hatten sie bei Gott nicht gerechnet. Ein unbewohntes Haus voller Schmetterlinge, die nur darauf warteten, dass jemand kam, die Tür öffnete und sie endlich ins Freie fliegen konnten.

»Wir müssen jetzt ganz fest zusammenhalten«, sprach der Junge und ließ sich erschöpft zu Boden fallen.

»Ja, das müssen wir«, sagte das Mädchen und setzte sich zu ihm.

Dann endlich beruhigte sich die Lage und nur noch wenige Schmetterlinge tänzelten aus dem Inneren des Hauses, die nach und nach davonflogen. Nur ein einziger blieb zurück, der genau vor ihrer beider Nasen auf und ab flatterte und schließlich zwischen ihnen auf einer Blume landete.

»Oh, schau` mal, so einen schönen Schmetterling habe ich noch nie gesehen!«, freute sich das Mädchen.

Es stimmte, dieser Schmetterling war ein Prachtstück. Er hatte die Umrisse eines geflügelten Herzens und leuchtete strahlend weiß. Wer auch immer dieses zarte Wesen erschaffen hatte - damit, dass er das Flügelkleid des Schmetterlings mit vier glänzenden Augen verzierte und um das gesamte Herz eine feine, smaragdgrüne, leicht schimmernde Linie zeichnete - damit übertraf sich sein Schöpfer selbst.

Das weiße Herz rührte sich nicht vom Fleck. Mehrere Minuten nicht. Dann aber schraubte es sich wie eine Ballerina nach oben, umkreiste zunächst seinen Kopf, dann ihren Kopf, flatterte wieder nach unten und malte mit seinen Flügelschlägen die Kurven einer liegenden Acht um ihre Herzen. Schließlich drehte der Schmetterling noch mehrere artistische Pirouetten, dann hob er endgültig ab und flog auf und davon.

So schade, dass sich Michael am nächsten Morgen kein bisschen mehr an diesen Traum erinnern konnte. Aber mal ehrlich: Zu träumen, dass Electra träumt, wie er ihren Traum träumt... solche Gedanken hätten ihn nach dem gestrigen Abend maßlos überfordert. Seine Schläfen pochten, sein Mund schmeckte nach Wein und sein Magen rebellierte. Er drückte eine halbe Zitrone aus, kippte den säuerlichen Saft in den Espresso und wartete bis er wieder klar denken konnte.

Altes, italienisches Katerrezept.

*

Malcesine, Postkartenidylle am Fuße des Monte Baldo. Er parkte den Käfer auf der Piazza Statuto und bummelte vom Hafen aus durch die verwinkelten Einkaufsgassen hinauf Richtung Burg. Etwa auf halbem Weg, inmitten der Via Casella, zog ihn eine etwa dreißig Zentimeter hohe Christusfigur in ihren Bann. Sie stand im Schaufenster eines kunterbunten Hippieladens und breitete ihre Arme aus. Michael war überzeugt, noch nie in seinem Leben einen Jesus mit einer solchen Aura gesehen zu haben, zumal man das Gefühl hatte, dass die Figur ihrem Betrachter tief in die Augen blickte und lächelte. Und je länger er hinsah, umso deutlicher fiel der leicht goldene Schein auf, der über seinem Kopf schimmerte und dem lächelnden Gesicht eine noch liebevollere Ausstrahlung schenkte. Die Ladenbesitzerin, die hinter ihrer Theke saß, registrierte sofort, wie sehr der Fremde von der Figur angezogen wurde und winkte ihn herein.

»Buongiorno Signore, Sie dürfen gerne eintreten und sich umsehen«, sagte sie, als er über die Türschwelle schritt. »Falls Sie Hilfe brauchen, geben Sie einfach Bescheid, va bene?«

Anfangs tat Michael noch so, als interessiere er sich für das eine oder andere Batikhemd, hier und da probierte er auch Ringe, Armbänder und Halsketten an, doch sein ganzes Augenmerk galt dieser Christusfigur, die nun mit dem Rücken zu ihm stand, aber noch immer nichts von ihrer Anziehungskraft verloren hatte. Ob er sie wohl kurz in seinen Händen halten dürfe, wollte er wissen.

»Aber natürlich! Uno momento, ich bringe sie Ihnen«. Die Dame beugte sich ins Schaufenster, hievte die Figur mit einem kräftigen Ruck nach oben und reichte sie ihm. Sie war wesentlich schwerer als Michael dachte.

»Ein wundervoller Jesus«, schwärmte er und stellte die Figur auf den Kassentresen. »Darf ich fragen, was er kostet?«.

»Wir verkaufen ihn für einhundert Euro.«

Viel Geld, dachte er, und dennoch unbezahlbar. Er ging kurz in sich und entschied sich schließlich zum Kauf.

»In Ordnung. Meinen Sie, Sie können mir die Figur für ein, zwei Stunden zurücklegen? Ich würde sie dann später holen, möchte aber vorher noch zum Castello und sie nicht unbedingt mitschleppen.«

»Ma certo, kein Problem. Wir stellen sie hier unten hin«, sagte die Frau und deutete auf die Bodenleiste hinter dem Tresen. »Lassen Sie sich ruhig Zeit, wir haben durchgehend geöffnet.«

Anschließend brachte sie ihn vor die Tür und zeigte auf einen schmalen, schattigen Durchgang, der nicht weit von ihrem Geschäft durch zwei Hausmauern führte.

»Dort drüben, das ist der schnellste Weg zur Scaligerburg«, erklärte sie. »Eine Abkürzung, mit der Sie die Touristenmassen umgehen können.«

»Super, vielen Dank für den Tipp«, gab er zurück und machte sich weiter auf den Weg. Die kleine Gasse schien tatsächlich nur Einheimischen bekannt zu sein, lediglich ein paar Katzen streunten an den Hauswänden entlang, ganz so als wollten sie ihn bis zum Eingangstor der Festung begleiten. Er löste ein Ticket und steuerte direkt die Skizzen der *Italienischen Reise* an, die Johann Wolfgang von Goethe während seines Aufenthalts am Gardasee anfertigte. Sie hingen in einem eigens für ihn errichteten Saal und zeichneten originalgetreu nach, was dem großen Dichter und Denker widerfuhr, als er im September 1786 im Schatten der Burg wegen Spionage verhört und fast verhaftet wurde. Dabei hatte er sich dort nur kurz niedergelassen, um das Castello abzuzeichnen und in seinem Tagebuch zu verewigen. Trotz dieser peinlichen Angelegenheit ließ sich der Dichterfürst dazu inspirieren, die Faszination von Malcesine in seinen Aufzeichnungen zu würdigen. Für den Ort noch heute Fluch und Segen zugleich.

Aber auch die Handschrift seines berühmten Tagebucheintrags gab es zu bestaunen, den er am Vorabend bei seiner Ankunft in Torbole in folgende Worte fasste:

Wie sehr wünschte ich meine Freunde einen Augenblick neben mich, dass sie sich der Aussicht freuen könnten, die vor mir liegt! Heute Abend hätte ich können in Verona sein, aber es lag mir noch eine herrliche Naturwirkung an der Seite, ein köstliches Schauspiel,

der Gardasee, den wollte ich nicht versäumen, und bin
herrlich für meinen Umweg belohnt.

Michael verließ den Saal wieder und betrat die
Blumenwiese mit der Goethebüste in ihrer Ecke.
Stimmt, jetzt erinnerte er sich wieder, Luciano hatte
ihm im Laufe des gestrigen Trinkabends davon erzählt, nachdem sie auf die von Electra angedeuteten
`Zwei Seelen in einer Brust` zu sprechen kamen.
Und obwohl die städtischen Gärtner den Platz mit
Tulpen und Sonnenblumen bepflanzt hatten, fiel
ihm sofort die herzförmige, petrolblaue Schatulle
auf, die neben dem Sockel der Büste lag und ihn mit
ihrem goldenen Auge anlachte. Natürlich war sie
größer als die bisherigen, doch irgendwas war
diesmal anders.

Er verstaute das Herz in seinem Rucksack und
kletterte die Stufen hinauf zum Bergfried, jenem
Turm, der auf jedem Reiseprospekt zu finden war
und der sich hoch über den Dächern der Altstadt in
den blauen Sommerhimmel streckte. Den Abstieg
zur Unterburg unterbrach er immer wieder mit
Rundgängen durch die verschiedenen Innenhöfe
oder auch mit kurzen Balkonblicken auf das kari-
bikblaue Wasser des Gardasees, dann aber ließ er
das Castello hinter sich und lief zielgerichtet zurück

zur Via Casella. Sein Schädel brummte nicht mehr ganz so stark wie noch am Morgen, doch sein Mund war trocken wie Staub. Besser, er löschte erst seinen Brand, bevor er ins *Ticket Para La Luna* zurückkehrte, wo der lächelnde Jesus auf ihn wartete. Die Bar lag in Sichtweite des Ladens und während Michael auf die Literflasche Wasser wartete – »con gaz, per favore!« – und mit Grauen an seine Schulzeit zurückdachte - Goethes Faust war damals Pflichtlektüre! - da kam plötzlich die Hippiefrau auf ihn zu und stellte die Christusfigur auf den Tisch.

»Hier, ein Geschenk von mir«, strahlte sie.

»Wie bitte?«

»Ja, ich dachte, ich schenke sie Ihnen, wenn Sie von der Burg zurückkommen.«

Nochmal: »Wiiiieeee bitte?«

»Kein Witz.«

»Aber wie komme ich dazu? Sie kennen mich doch gar nicht«, fragte Michael verdutzt.

»Sie vielleicht nicht«, lachte die Frau, »aber ich kenne diesen Christus hier und ich bin mir sicher, dass er zu Ihnen möchte. Ich weiß, das klingt völlig verrückt, aber es ist so.«

Er wollte aufstehen, um die Angelegenheit in Augenhöhe zu klären, doch sie ließ nicht weiter mit sich reden. Im Gegenteil, sie reichte ihm nur kurz die Hand und ließ ihn mit der Figur alleine.

»Aber ich kann das doch nicht wirklich annehmen?«, rief er ihr noch hinterher, doch alles, was er von ihr noch mitbekam war ein lautes »Wehe nicht!«. Dann verschwand sie im Laden und kümmerte sich um ihre Kundschaft.

Er zahlte das Wasser, brachte die schwere Figur zum Auto und fuhr immer noch kopfschüttelnd zum alten Leuchtturm von Cassone. Eine Oase der Ruhe, in der selbst im Sommer die Zeit stillstand und die schon Gustav Klimt in einem seiner Werke zu schätzen wusste. Das kleine Örtchen war vor allem wegen seines `Ariel` bekannt, dem angeblich kürzesten Fluss der Welt, der landeinwärts entsprang und nach nicht einmal zweihundert Metern in den Gardasee mündete. Vom Leuchtturm aus spazierte Michael bis vor zum Pier, wo er auf einem kurzen Kiesstrand sein Badetuch ausbreitete und in die Wellen sprang. Er ließ sich noch eine Zeitlang rückwärts im Wasser treiben und bestaunte dabei die tiefen, markanten Bergschluchten, die sich vom

Kamm des Monte Baldo bis hinunter zu den Wäldern stürzten. Frisch und klar kehrte er zurück zu seinem Liegeplatz und legte die mittlerweile fünfte Herzschatulle vor sich auf die Steine. Endlich war auch der letzte Rest seiner Katerstimmung verflogen und er nahm war, was ihm an dem Horusauge diesmal so anders vorkam. Die Pupille! Electra hatte einen winzig kleinen Stern hineingemalt, der den anderen vier Augen fehlte. Und natürlich lag auch in dieser Schatulle wieder ein Liebesbrief.

Mein lieber Michael, noch immer verbirgt sich mein wahres Gesicht hinter einer Maske. Wir haben die Angst vor Nähe überwunden, unsere Gedanken beobachtet und die wahre Sehnsucht hinter unseren Wünschen gefühlt. Doch was ist mit all den unterdrückten Gefühlen? Schuld, Scham, Neid, Eifersucht, Wut und Trauer? Sie alle brodeln in mir und suchen einen Ausweg.

Es ist die Maske der Emotionen!

Emotionen, die erst sehr langsam nach oben drängen, dann aber wie Vulkane explodieren und immer wieder Schutt, Asche und Drama hinterlassen. Doch was tun mit all den verdrängten Gefühlen?

Wie die Tage zuvor, drehte er den Brief auch diesmal wieder um und nahm die rote Schrift unter die Lupe.

Lege nun das vierte Herz in das fünfte und erwarte das sechste. Seine Farbe ist himmelblau.

In Liebe, Electra.

Erwarte das sechste! Ohne Hinweis wie und wo? Michael ging davon aus, dass die Suche vorerst beendet war und packte seine Badesachen wieder ein. Erst als er zum Abschied noch ein paar flache Kieselsteine über das Wasser springen ließ, bemerkte er die fast hüllenlose Frau, die schon den ganzen Nachmittag hinter ihm stand und ihm leicht erotisch über die Schultern blickte. Ein Bronzewerk der spanischen Bildhauerin Luisa Granero. Am Ufer des ruhigen, malerischen Fischerdorfes Cassone. Zwischen Val di Sogno und Assenza.

*

»Du, Michael, warum warst du eigentlich noch nie verheiratet?«, wollte Luciano wissen, ohne das mittlerweile weit fortgeschrittene Spinnennetz aus den Augen zu verlieren.

»Gute Frage. Ich glaube, ich bin nicht fähig für langfristige Beziehungen. Immer wenn die Euphorie des ersten Verliebtseins vorbei ist, bauen sich zwischenmenschliche Spannungen auf, die dann meistens in Streitereien und gegenseitigen Verletzungen enden. Das wiederholt sich so lange, bis irgendwann auch der kleinste Funke erlischt und dann ist es immer sehr schnell vorbei mit der großen Liebe.«

»Ja, solche Erfahrungen kenne ich. Erst durch meine Ehe mit Mariama erkannte ich, dass es nach dem Erlöschen des ersten Feuers noch lange nicht vorbei ist.«

»Warum? Was soll denn dann noch groß kommen? Ist die Liebe weg, dann ist sie weg«, widersprach Michael. Gleichzeitig war ihm klar, dass Luciano eine so negative Sichtweise nicht lange gelten ließ.

»Nein, die Liebe ist niemals weg! Sie war, ist und bleibt für immer und ewig«, betonte er mit ungewohnt lautem Bass. »Das Problem sind unterdrückte Gefühle, die sich vor die Liebe schieben. Wut, Hass, Ärger, Eifersucht, das ganze Programm, du weißt schon.«

»Ja, ich weiß, was du meinst. Es sind all diese Emotionen, die das wahre Gesicht der Liebe unter einer Maske verstecken? Electra deutet in ihren Briefen so etwas an.«

»Nicht nur die Emotionen. Du legst erst die Maske der Angst ab. Dann die Maske der Gedanken. Danach die Maske der Wünsche. Und unter dieser dritten Maske gibt es dann noch eine vierte, die Maske der Emotionen.«

»Aber Emotionen sind doch nichts anderes wie Gefühle«, konterte Michael. »Um lieben zu können, muss ich doch auch fühlen können.«

»Da täuscht du dich. Vom Gefühl zur Emotion ist es noch ein weiter Weg. Emotionen sind vielmehr eine Verdichtung von Gefühlen, die von innen nach außen drängen. Sie wollen aus dir heraus, ohne Rücksicht auf Verluste. Bevorzugt in Liebesbeziehungen, weil sich die Liebenden hier auf einer viel tieferen Ebene berühren.«

»Das heißt, dir und Mariama ist es gelungen, die Liebe aufrecht zu erhalten?«

Luciano klemmte seine graue Mähne hinter die Ohren und nickte.

»Ja, als wir uns zum ersten Mal sahen, wussten wir sofort, dass es nicht die Wege von Mariama und Luciano waren, die sich am Strand von Gambia kreuzten, sondern dass es unsere Seelen waren, die sich in diesem Moment begegneten. Mit diesem Wissen konnten wir den Rausch der Verliebtheit genießen und trotzdem den weiteren Verlauf unserer Beziehung vorbestimmen.«

»Das hört sich so an, als hättet ihr von Anfang an ein Konzept gehabt?«

»Ich würde es eher als Seelenplan mit drei Stufen bezeichnen«, fuhr Luciano fort. »Zunächst die Stufe der Abhängigkeit, die immer wieder zu Streit und dramatischen Szenen führte. Es war eine Zeit, in der wir beide mit unseren eigenen Emotionen auf den Angriff des anderen reagierten. Ja, wir brauchten uns, um unsere Blockaden loszuwerden, doch dummerweise machten wir uns dadurch voneinander abhängig. Als wir das dann nach vielen Rückfällen endlich durchschaut hatten, legten wir unseren Fokus auf die Stufe des Wachstums. Da ging es dann nicht mehr darum, Angriffe mit Gegenangriffen zu beantworten. Stattdessen unterdrückten wir die Emotionen des anderen, indem sich einer von uns beiden klein machte und sich dem anderen unterwarf. Erst als wir erkannten, wie sehr wir dadurch voneinander lernten, waren wir bereit für Stufe Drei. Wir brachten uns gegenseitig bei, Eigenverantwortung zu übernehmen und den anderen nicht mehr als Projektion zu benutzen. Jetzt waren wir endlich da, wo wir die ganze Zeit hin wollten. In einem gemeinsamen Bewusstsein, mit dem wir uns aus unseren Emotionen befreien und uns gegenseitig heilen konnten.«

Der Alte stemmte sich aus seinem Ledersessel, ging kurz in die Wohnung und kam mit einer CD und einem – ganz old scool - tragbaren Disc-Player wieder zurück.

»Hier, vielleicht hast du Lust, deinem neuen Jesus ein wenig Klaviermusik vorzuspielen. Auf dieser Scheibe wären die richtigen Lieder dazu.«

Michael musterte das Cover. *Chakrenklänge von Irina Kornilenko.*

»Ja, vielleicht mach` ich das. Gute Idee. Aber nur, wenn Electra nicht doch noch auftaucht. Morgen ist schließlich schon Freitag und meine Urlaubswoche ist fast vorbei. Drei Tage noch...«

»Dann genieße sie! Sowohl die letzten Tage als auch die CD. Sie ist ein echtes musikalisches Meisterwerk! Gespielt auf einem Bechstein-Klavier in 432 Hertz-Stimmung. Irinas Musik hat das Potenzial, all deine Energiezentren zu öffnen, um sie wieder frei fließen zu lassen«, sagte Luciano begeistert. Auf Michaels Sehnsucht nach Electra ging er gar nicht erst ein.

Warum sollte er auch?

III

DAS LICHT

*

Als Michael am nächsten Morgen die Augen auf-
schlug, hatte er nur eines im Sinn: Den Kopf frei
kriegen und »warten, was passiert«. Er trank zwei
kleine Espresso, zog feste Laufschuhe an und fuhr
mit seinem alten VW die Serpentinen hinauf nach
San Zeno und von dort weiter in das stille Bergdorf
Lumini. Sein Ziel war das große Bergkreuz, welches
sich vom Monte Belpo aus in den Himmel streckte
und den Blick auf das Hinterland von Affi bis zur
Skyline von Verona freigab. Er lief direkt an der
Dorfpiazza los, durchquerte den mächtigen Torbo-
gen und wanderte zunächst über einige Hügel hinweg zu einer alten, von Gestrüpp überwucherten
Steinmauer. Durch eine enge Lücke hindurch führte
ihn der schmale Weg in einen dichten Wald mit
unzähligen Haselnusssträuchern, Wacholderbü-
schen, Buchen und Eichen. Immer weiter bergauf,
bis er nach etwa zwanzig Minuten ein paar flache

Steinplatten überwinden musste, die ihn an so mancher Stelle an die mysteriösen Felshänge von Crero erinnerten und ihn mit einer grandiosen Sicht auf die Talebene von Costermano belohnten. Er kletterte weiter durch Wald und Sträucher bis zu einer großen Lichtung mit mehreren Steinkreisen, wo er eine längere Rast einlegte und wo sich unter ihm die Weite des südlichen Gardasees ausbreitete. Vor ihm der markante Monte Luppia, weiter rechts die Halbinsel von Sirmione, daneben Desenzano, die Rocca von Manerba, hinten Salò und Gardone und davor die Isola del Garda. Von hier oben aus hatte er alles im Blick, auch seine Gedanken, die sich den ganzen Aufstieg über immer nur im Kreis drehten und die sich nun sanft und besinnlich auspendelten, bis nur noch der Ruf seines Herzens zu hören war. Eine innere Stimme, die ihm mit einer mantraartigen Dauerschleife die Worte »Liebe dich, dann liebt sie sich, dann liebst du sie und sie liebt dich!« einflüsterte und die auch dann noch nachhallten, als er seinen Weg fortsetzte. Immer wieder »Liebe dich, dann liebt sie sich, dann liebst du sie und sie liebt dich!« Es war zum Verrücktwerden. Doch irgendwann führte ihn ein nicht ganz ungefährlicher Pfad in einen Steineichenwald und kurz darauf zu einer Kreuzung, an der ein alter, verwitterter Pfeil den Weg zur *Crocetta di Monte Belpo* wies. Michael hielt sich links und landete vor den Überresten eines alten Viehstalls, der auf einer wildwachsenden Wiese von alten, vergessenen Zeiten erzählte. Ein kurzes Wegstück weiter bäumte sich eine freistehende Edelkastanie auf, deren mächtiger Stamm haushoch in die Höhe ragte und von dem aus sich zahllose, dicke Äste in sämtliche Himmelsrichtungen streckten. Abertausende, längliche und spitz zulaufende Blätter breiteten sich aus, deren hellgrüne Unterseiten Schatten spendeten und deren dunkelgrüne, ledrigglänzende Oberflächen sich dem gleißenden Licht der Mittagssonne hingaben. Michael stellte sich vor, jeder Mensch auf dieser Erde wäre eines dieser Blätter und jede Glaubensrichtung, auch die der Nichtgläubigen, wäre einer dieser Äste. Alle Menschen gehörten zum gleichen Stamm, dessen Urkraft in einer gemeinsamen Wurzel ihren Anfang nahm.

Dann endlich, nach einem kurzen, leichtfüßigen Abstieg stand es direkt vor ihm! Das große, weiße Bergkreuz mit seiner goldenen Leuchtkraft!

IV

ALLES ODER NICHTS

*

Es war fast Abend, als er von seinem Wanderausflug zurückkehrte und sich wunderte, dass von Silly und Luciano weit und breit nichts zu sehen war. Sie waren gemeinsam zu einem Freund gefahren, der in den Weinbergen von Bardolino einen kleinen Campingplatz betrieb. Kurz bevor sie das Haus verließen, hatten sie aber noch Electras sechste, himmelblaue Schatulle vor seinem Appartement abgelegt. Noch bevor er die Tür aufstieß, öffnete er das Herz und las den neuen Liebesbrief.

Mein lieber Michael, fast ist es geschafft. Sämtliche Masken sind durchschaut und doch bleibt das Antlitz noch verhüllt. Wie ein Schleier legt sich das letzte Geheimnis über die Wahrheit. Du erkennst das Gesicht bereits an seinen Konturen, doch der Schleier fällt erst, wenn du dieses Rätsel löst:

»Wer mich hat, der will mich teilen. Doch wer mich teilt, der hat mich nicht mehr.«

Wieder drehte er das Schreiben um.

Lege nun die ersten fünf Herzen in das sechste und freue dich auf das siebte!

In Liebe, Electra.

Er grübelte und grübelte, kam aber nicht dahinter, was mit den Worten gemeint war. Doch ihm fiel sofort die tiefblaue Pupille im Horusauge auf, aus der auch diesmal wieder ein kleiner Stern strahlte. Ganz klar, der Stern spielte auf den Saphir an, den er immer in die kleine Münztasche seiner Jeans steckte und der vor ein paar Tagen fast den Hang von Crero hinuntergerollt war. Er holte ihn hervor, hielt ihn gegen die Abendsonne und von einer Sekunde auf die andere das Ambiente rund um die Villa Silvia mit völlig neuen Augen. Und wunderte sich, wie es sein konnte, dass er seine Aufmerksamkeit sein ganzes Leben lang fast immer auf alle möglichen Dinge richtete und nur ganz selten auf die Schönheit und Erhabenheit der Natur.

Dieser Platz hier war wirklich Paradies! Ein liebevoller Garten Eden mit einer mächtigen Banane, knorrigen Olivenbäumen, sattgrünen Palmen, gelben Zitronen und vielen, reifen Feigen. Rund um das Haus wucherten meterhohe Bambuspflanzen, einige Eichen hielten ihre schützende Hand über das Dach und an den Ecken tanzten silbrige Pampasgräser im Abendwind. Fliederfarbene Lavendelblüten schickten ihren Duft in die Luft, rote Rosen entfalteten ihre Blütenblätter und an den Zäunen und Mauern breitete sich leuchtender Orleander aus, der mit seinem satten Rosa der tiefvioletten Bougainvillea zärtliche Blicke zuwarf. Bienen schwirrten von Löwenzahn zu Löwenzahn, Eidechsen huschten über heiße Steine und farbenfrohe Schmetterlinge flatterten von oben nach unten, von links nach rechts und immer wieder auch kreuz und quer. Es gab Schlangen, Skorpione und Fledermäuse, dann und wann kam eine graue Katze vorbei und der schwarzweiß gefiederte Wiedehopf war nur einer von vielen Paradiesvögeln, der trotz seiner Flügelschläge keine Chance hatte, eine grasgrüne, filigrane Gottesanbeterin in ihrer stolzen Seelenruhe zu stören.

Später, nach Einbruch der Dunkelheit, zog Michael die Vorhänge zu, zündete Kerzen an und stellte die Christusfigur auf den Couchtisch. Im guten alten Schneidersitz zentrierte er sich und ließ seinen Atem zirkulieren, während die Anfangstöne der CD das geistige Portal zur Transzendenz öffneten.

Er konzentrierte sich noch intensiver auf seinen Atem, richtete ein zweites Mal die Wirbelsäule auf und legte die Hände in den Schoß. Jetzt schloss er die Augen und vernahm den ersten Glockenschlag, der zugleich das Klavierstück zur Aktivierung des Wurzelchakras einläutete. Fast acht Minuten versank er in einer rötlichen Spirale, die er zwischen seinen Beinen kreisen ließ und die ihm gerade noch rechtzeitig vor dem zweiten Lied ein stabiles, sicheres Gefühl der Erdverbundenheit schenkte. Das gleiche Spiel dann beim Sakralchakra unterhalb des Bauchnabels, diesmal leuchtend orange, voller Lust und Lebensfreude, wieder acht Minuten. Und auch beim goldgelben Zentralchakra war er noch voll bei der Sache und spürte, wie sich sein ganzes Sein unterhalb der Brust verdichtete und zu einer einzigen, starken Kraft zusammenballte. Dann aber, während der rosagrünlichen Umrundung des Herzchakras tauchten erste, flüchtige Gedanken auf, die er zunächst wie Wolken vorbeiziehen ließ, deren Bilder aber immer klarer wurden, je mehr sich das Klavierstück seinem Ausklang näherte. Zwar kehrte er immer wieder zu seinem Atem zurück, aber es half einfach nichts. Kaum waren die fünf Glockenschläge für das Kehlkopfchakra verklungen, schoss ihm ein stechender Schmerz in seinen Nackenbereich und sorgte dafür, dass sich die mittlerweile hellblauen Energiespiralen in Luft auflösten und durch ein Kratzen im Kehlkopf ersetzt wurde, welches er räuspernd weghustete. Michael öffnete die Augen, nahm die Hände aus dem Schoß und massierte seinen hinteren Halsbereich, als er urplötzlich und aus heiterem Himmel eine unsichtbare Kraft hinter sich spürte, die seinen Körper tief in das Polster drückte und ihn völlig außer Gefecht setzte. Irinas Klavierspiel verflüchtigte sich immer mehr und wurde schließlich von einer lauten, dunklen Stimme übertönt. Eine Stimme, deren Tonfall er lediglich im Kopf hörte, von der er sich aber einbildete, ihren Atem an seinem Hinterkopf zu spüren.

»Solange du deine Schatten verdrängst, bleibst du in meiner Gefangenschaft!«, fauchte sie ihm ins Ohr.

Es war unheimlich. Wirklich furchterregend! Er zitterte am ganzen Leib, drehte sich mehrmals um, doch niemand war im Raum. Es dauerte auch nicht lange, bis sich die Steife in seinem Nacken wieder entkrampfte und der Raum ganz allmählich wieder mit Musik erfüllt war. Zwar gelang es ihm nicht, sich erneut in die Meditation zurückfallen zu lassen, doch während der lächelnde Jesus im Kerzenlicht zu flackern begann und die sanften Klänge langsam das indigoblaue Stirnchakra umkreisten, ließ der Druck auf seinen Schultern immer mehr nach. Acht Minuten später schwebte die Musik zum strahlenden Kronenchakra und ihm wurde schlagartig bewusst, dass ihm soeben Tod und Teufel im Nacken saßen. Er stand auf, ging in die Küche und legte den blauen Sternsaphir in eine Schale, die er mit Wasser auffüllte. Dann stellte er das Gefäß vors Fenster und wartete, bis sich der volle Mond am Himmel zeigte. Sein helles Licht spiegelte sich nicht nur in den Weiten des Gardasees, sondern auch in den kleinen Strahlen des Steines. Michael warf die Arme nach oben, streckte die Wirbelsäule durch und richtete sein Kreuz wieder auf.

*

»Der schönste und ursprünglichste Wochenmarkt weit und breit. Kein Vergleich zu den Touris-
tenmärkten unten am See«, lobpreiste Silly am
nächsten Tag und stieg auf ihren quietschgelben
Vesparoller. »Komm` doch später einfach nach und
wir gehen dann zusammen Mittagessen. Es gibt da
ein sehr ursprüngliches Lokal, die *Trattoria Nuova
Marconi.* Sie liegt etwas außerhalb, aber die Küche
ist vom Allerfeinsten. Ein echter Familienbetrieb
mit bodenständiger Hausmannskost und einheimischen Preisen. Sollte man sich nicht entgehen lassen, wenn man in Caprino ist.«

»Caprino?«

»Ja, Caprino Veronese. Du biegst in Garda links
ab, fährst `rauf nach Costermano und von dort aus
ein paar Kilometer pfeilgeradeaus ins Hinterland.«

»Okay, wir sehen uns dann dort«, sagte Michael spontan zu und stellte die rußige Mokkakanne auf den Gasherd. Ein letzter Ausflug ins Grüne, warum nicht? Zumal er ohnehin vorhatte, den Käfer an irgendeiner Tankstelle auf Luft und Öl zu überprüfen und ihn für die morgige Heimfahrt vollzutanken.

In Caprino angekommen fand er direkt vor einem alten Kino einen Parkplatz. Silly hatte Recht. Der Markt war noch ein richtiger Markt, auf dem es zwar nichts gab, was nicht auch auf den längst schon von chinesischen Dealern gekaperten Gardaseemärkten zu finden war. Doch erstens waren die Sachen im Hinterland viel preisgünstiger und zweitens hatte sich der, durch eine Straße getrennte, zweigeteilte Stadtplatz noch den Charakter eines traditionellen Bauernmarktes bewahrt. Was in erster Linie den lautstarken, venezianischen Marktschreiern zu verdanken war, die in ihren Verkaufswägen allerhand regionale Spezialitäten wie Blumen, Obst und Gemüse, aber auch Fisch, Fleisch, Käse oder hausgemachte Pasta anpriesen. Ein quirliger, lauter Samstagstreff für Einheimische, die sich hier über Gott, Sport, Wein und Wetter austauschten und wo bereits am frühen Vormittag der eine oder andere Aperol Spritz über den Tresen ging. Michael bummelte eine Zeit lang an den Ständen vorbei, hier und dort spielte er auch mit dem Gedanken, sich neue Dinge zuzulegen, doch fast immer konnte er den modischen aber völlig überflüssigen Verlockungen widerstehen. Nach einiger Zeit entfernte er sich von dem Trubel und wartete in einer der Straßenrandcafés auf Silly, die noch immer mit Ratsch, Tratsch und einigen Besorgungen beschäftigt war. Fast hätte er einen dritten Grapefruitsaft bestellt, da tauchte sie endlich auf. Sie stand auf der anderen Straßenseite und schien zu telefonieren. Zumindest hatte sie ihre Einkäufe abgestellt, um mit Händen und Füßen mit ihrem Handy zu reden. Als sie es wieder zuklappte, strahlte sie über das ganze Gesicht.

»Electra ist zurück!«, rief sie laut.

Wumm! Das saß.

»Was ist? Freust du dich denn gar nicht?«, legte sie nach, als sie die Straße überquert hatte.

»Doch, doch, und wie!«, sagte er. »Ich bin nur etwas überrascht. Ehrlich gesagt hatte ich damit nicht mehr gerechnet.«

»Ach, für Überraschungen ist meine Schwester immer gut«, smilte Silly und orderte eine Dose Lemon Soda mit Eis. »Ich soll dir ausrichten, dass sie zu Hause auf dich wartet. Sie freut sich riesig auf dich.«

Sein Herz schlug höher. Er wischte über sein Smartphone und hielt das Display in den Schatten. Es war kurz nach halb eins, die meisten Marktstände wurden gerade abgebaut, doch zum Glück war der Wagen der grünbeschürzten Floristikfrau noch geöffnet.

»Oh Mann, okay, ich besorge noch ein paar Blumen und fahre zurück. Du bist nicht böse, wenn wir unser Mittagessen sausen lassen, oder?«, sagte er zu Silly und legte einen Zehn-Euro-Schein auf den Tisch. Die aber zwinkerte ihm nur zu, schnappte sich vom Zeitungstisch eine zerfledderte *L`Arena* und schlug die lokale Wetterseite auf.

»Das wird ein heißes Wochenende«, summte sie und sah ihm verstohlen hinterher. »Sehr heiß, mein Lieber. Mach` dich auf was gefasst...«

Doch wieder war es nicht Electra, die ihn bei seiner Rückkehr in Empfang nahm, sondern Luciano Benaco und zwei Beamte der örtlichen Carabinieri.

Nachdem er in Costermano das Auto durchgecheckt hatte, es sogar noch durch die Waschanlage fuhr, bretterte Michael erwartungsvoll Richtung Pai, stellte aber mehr wie verwundert fest, dass sein vermieteter Stellplatz von einem dunkelblauen Lancia mit roten Signalstreifen besetzt war. Was, zum Teufel, machte die Staatspolizei hier? Noch mehr aber wunderte er sich, dass Luciano mit den Uniformierten lachend auf der Veranda saß und die beiden Beamten anscheinend mit einer frisch zubereiteten *Torta della Nonna* zu einem Plauderstündchen überreden konnte.

»Oh, hoher Besuch! Ich hoffe, es ist alles in Ordnung?«, fragte er teils erleichtert, teils erstaunt.

»Alles bestens«, beruhigte Luciano. »Mein Rucksack ist wieder aufgetaucht. Die beiden Herren hier haben ihn mir gerade zurückgebracht.«

»Das ist ja wunderbar! Hoffentlich nicht nur den Rucksack, sondern auch seinen Inhalt?«

»Nun ja, die Kohle ist zwar weg, aber gottseidank sind die CDs noch alle da. Sie kommen wie bestellt, weil ich morgen Abend ein Konzert in Sirmione gebe.«

»Damit machen Sie ihm die größte Freude«, sagte Michael zu den Polizisten. »Er hat mir erzählt, dass sich in dem gestohlenen Rucksack die letzten zwölf CDs befanden, die er noch hatte.«

»Die letzten zehn«, korrigierte Luciano. Er griff in den modrigen Rucksack, holte zwei seiner *Sacred Roots* hervor und überreichte sie den Beamten. »Hier, ich würde sie Ihnen gerne schenken. Als Ausdruck meiner Dankbarkeit.«

»Das ist gut gemeint, Signore Benaco. Aber Geschenke dürfen wir leider nicht annehmen«, sagte der eine, während der andere die beiden Alben zurück auf den Tisch legte. Und als hätten sie es abgesprochen, setzten die beiden fast zeitgleich ihre schwarzen Ray Bans auf und verabschiedeten sich.

»Du spielst morgen in Sirmione?«, fragte Michael, nachdem er die Carabinieri zum Parkplatz begleitet und seinen Käfer mit ihrem Lancia ausgetauscht hatte.

»Ja, in den Grotten des Catull. Die feiern dort ein großes Ruinenfest«, murmelte Luciano und paffte. »Schade, dass du morgen schon wieder abreist. Die Grotten sind wirklich faszinierend, vor allem bei Sonnenuntergang.«

»Nein, unser Gast wird erst am Montag abreisen und mit ihr morgen nach Mantua fahren «, hörte er plötzlich hinter sich. »Wir verlängern seinen Aufenthalt um eine weitere Nacht, va bene?«

Electras Stimme! Er drehte sich um, sah ihr Lächeln und blickte in ihre azurblauen Augen.

»Heiliger Gott, du bist es wirklich!«

»Ja, sie ist es«, strahlte sie und beobachtete ihren Vater, wie er stillschweigend die hektischen Bewegungen der Spinne verfolgte. Ihr Netz war so gut wie fertig.

Nein, Michael konnte und wollte es nicht glauben. Da stand sie nun tatsächlich vor ihm. In einem kurzen, pinkroten Sommerkleid, sündhaft hohen Heels und einem silbernen Oberarmreif, der perfekt zu dem Muschelmedaillon passte, das an ihrer Halskette hing. Um ihren Kopf hatte sie einen weißen Turban gewickelt und an ihren Ohren hingen zwei große, silberne Creolen.

»Wie wahnsinnig schön du bist!«, platzte es aus ihm heraus und fast hätte er vergessen, ihr die Pfingstrosen zu überreichen, die er am Blumenstand gerade noch ergattern konnte.

»Wow! Grazie mille«. Wieder lachte sie und wieder spürte er dieses Feuer in seiner Brust. Wie damals, beim Weihnachtsmarkt in Rovereto.

Electra ging kurz in die Küche, füllte eine Vase mit Wasser und kam zurück auf die Veranda.

»Was genau meinst du mit `Aufenthalt verlängern`...?«, wollte er wissen.

»Sie denkt, es ist besser, wenn du erst am Montag abreist...«, antwortete sie und stellte die Blumen auf den Tisch, »...weil sie dich morgen gerne nach Mantua entführen und dir den Palazzo Te zeigen möchte. Was hältst du davon?«

Michael dachte nach. Normalerweise wartete ab Montag jede Menge Arbeit auf ihn, außerdem hatte er einen wichtigen Termin mit seiner Brauerei im Kloster Andechs. Ach was! Erst das Vergnügen, dann die Arbeit! Und überhaupt... wie hätte er Electras Wunsch ausschlagen können?

»Aber klar. Ich bin dabei!«, freute er sich. »Wir müssen ja auch noch über das Geheimnis der Herzen reden.«

»Die kannst du auf jeden Fall schon mal in Reichweite legen«, sagte sie. Dabei griff sie in ihre

Handtasche und holte eine purpurrote Herzschatulle hervor. »Bitte sehr, hier bekommst du die letzte. Erinnerst du dich? Damals in Rovereto hattest du sie schon einmal in der Hand. Am besten du legst die sechs blauen Herzen hier hinein und nimmst sie dann morgen mit nach Mantua.«

Den Rest des Tages verbrachten sie zu zweit am See. Es gab unendlich viel zu erzählen, aber auch jede Menge zu schweigen. Als aber zum Abend hin die letzten Sonnenanbeter ihre Schirme und Tücher zusammengepackt hatten und der aufgeheizte Kiesstrand nur noch ihnen allein gehörte, sagte Electra: »Komm`, schließ` die Augen und stell` dir vor, wie du von ihr geküsst wirst.«

»Bitte was?«. Er glaubte, sich verhört zu haben.

»Warum? Du willst doch, dass sie dich küsst, oder etwa nicht?«

»Ja, aber...«

»Nichts aber. Du sollst es dir ja nur vorstellen«, lockte sie. »Du weißt doch, dass du von der wahren Liebe erst geküsst wirst, wenn das Geheimnis gelüftet ist.«

»Tja, da muss ich mich dann wohl noch etwas gedulden. Bis jetzt hat sich mir dieses Geheimnis leider noch nicht offenbart.«

Er ließ sich nach hinten fallen, schloss die Augen und wartete auf den Kuss. Zehn Sekunden, zwanzig Sekunden. Vergeblich.

»Aber immerhin haben wir schon mal alle Masken abgelegt«, hörte er sie stattdessen sagen. »Aber so viel kann sie dir hier und jetzt schon verraten: Des Rätsels Lösung liegt nicht im Maskenspiel, sondern im Herzen selbst.«

Er stützte den Kopf mit dem Ellbogen ab und sah, wie rund um den Palastturm von Pai die Lampions der Tavernen nach und nach bunt aufleuchteten. Der Tag ging zu Ende.

»Auf jeden Fall freue ich mich wahnsinnig, dass wir uns doch noch sehen können«, sagte er.

»Ja, es tut ihr wirklich leid. Sehr viel früher ging es beim besten Willen nicht. Sie musste jeden Tag arbeiten. Bei einer Tanzshow.«

»Ich weiß, dein Vater hat mir ein bisschen was von deinem Liebestanz erzählt.«

Sie rückte näher zu ihm und legte ihren Kopf auf seine Schulter.

»In Westafrika gibt es einen ganz bestimmten Tanz, bei dem sich Frauen und Männer zum Rhythmus mehrerer Djembe-Trommeln aufeinander zu bewegen«, erzählte sie. »Eigentlich sind es zwei Tänze. Erst ein etwas langsamerer, bei dem sich die Partner in Reihen gegenüberstehen und sich gegenseitig antanzen. Dabei überreichen die Frauen den Männern seidene Tücher und die Trommler wechseln in einen fünfmal schnelleren Rhythmus. Ab diesem Moment tanzen alle aus der Reihe und als Geschenk für ihre Verführungskraft legt der Mann dann der Frau das Tuch um den Hals. Spätestens jetzt trommeln sich die Trommler in Trance und die vibrierenden Körper der Tänzerinnen und Tänzer tanzen sich in Ekstase.«

»Nicht schlecht«, staunte Michael. »Das hört sich nach einem sehr heißen, wilden Tanz an.«

»Heiß und sehr erregend...«, hauchte sie.

Electra fühlte, wir ihr Unterleib von einer warmen Welle erfasst wurde. Sie vergewisserte sich, dass sie noch immer unbeobachtet waren und fing an, mit einem ihrer pinken Fingernägel kleine Kreise auf seine behaarte Brust zu zeichnen.

»Wusstest du, dass wenn wir alle Bauchnabel der Welt zurückverfolgen würden, wir irgendwann bei einer einzigen Nabelschnur ankommen? Weil wir alle Nachfahren einer einzigen Urmutter sind, ganz unabhängig von Hautfarbe, Religion oder Herkunft«, predigte sie und ließ ihre Kreise größer werden, die sich erst über den Bauch und dann wie eine Spirale immer weiter nach unten drehten. Als nun auch noch ihre kleine Lustperle anschwoll und sie von einer zweiten, diesmal feuchten Welle erfasst wurde, schob sie ihre Hand in Michaels Hose und massierte ihn so lange, bis er leise stöhnte und vor Verlangen zuckte. Sie ließ kurz los, machte wieder weiter, ließ wieder los und spürte mal Spannung, mal Entspannung in ihrer warmen Hand. Dann legte sie die Lippen an sein Ohr und hauchte: »Sie schleicht sich heute Nacht in deine Träume, okay?«

»Und dann? Was passiert dann?«, fragte er mit Tränen in den Augen. Es waren Tränen der Lust und Leidenschaft. Tränen der Hingabe.

»Dann treibt sie mit dir durchs Jetzt und schwebt mit dir durchs Hier. Heiß wie Feuer, sanft wie Wasser, feucht wie Erde und leicht wie Luft. Eine Reise zweier Seelen mit dem Ritt zweier Körper und dem Rausch zweier Geister. Tief ins Herz der Elemente. Tief und tiefer, bis zur Quelle. Immer tiefer, bis ins Nichts.«

*

Der Palazzo Te lag etwas südlich der Altstadt von Mantua und war ursprünglich als Lustschloss für Herzog Federico II. und seine Geliebte Isabella Boschetti gedacht. Gut fünfhundert Jahre ist es her, dass der Architekt Giulio Romano mit den Plänen des Palastes beauftragt wurde und da der gute Mann auch Innenausstatter war, wuchs er bei der Verwirklichung der Villa geradezu über sich hinaus. Vor allem in den verschiedenen Sälen und Räumen des Schlosses kreierte Romano zusammen mit seinen Schülern unzählige Fresken, die noch heute zu den prachtvollsten Wandgemälden der Renaissance zählten.

»Komm, hol` die Herzen hervor«, sagte Electra, als sie den Eingang zum Palazzo betraten. Sie deutete auf Michaels Tasche und zog ihn am Arm durch den *Eingangssaal der Metamorphose.* Dann, im ersten Raum des Schlosses, dort wo über dem Kamin das Relief einer Eidechse prangerte, forderte sie ihn auf, die erste der sieben Schatullen zu öffnen. Er baute das purpurrote Herz auseinander, nahm die anderen heraus und verschloss es wieder.

Fragend sah er sie an, doch sie lächelte nur.

»Erinnerst du dich noch an das Rätsel der sechsten Schatulle?«

»Na, klar. Wer mich hat, der will mich teilen. Doch wer mich teilt, der hat mich nicht mehr, oder so ähnlich...«

»Gut, dann lass` uns weitergehen«, sagte sie und zeigte auf das hohe Deckengewölbe des nächsten Zimmers. Auf einem länglichen Fresko zog ein Thronwagen die Sonne in die Nacht, während am anderen Ende des Bildes der gleiche Wagen eine Mondsichel hinter sich herzog. »Dann öffne jetzt das himmelblaue Herz!«

Er tat es wie schon im Saal zuvor. Er nahm den Deckel von der sechsten Schatulle, nahm die fünf Herzen heraus und stellte sie wieder verschlossen neben die anderen. Doch Electra ging dazwischen.

»Nein, du musst das himmelblaue Herz in das dunkelrote legen.«

»Ah, verstehe.«

»Und weißt du auch noch, was in der fünften Schatulle zu finden war?«

Michael dachte kurz nach, dann fiel es ihm ein.

»Die Maske der Emotionen, stimmt`s?«

Electra nickte.

Um zum nächsten Saal zu gelangen, mussten die beiden zunächst die *Musenloggia* hinter sich lassen, ein zum Ehrenhof geöffneter Durchgang mit zahlreichen, meist ägyptischen Stuckdarstellungen an der Decke. Von hier aus hatten sie Zugang zur *Sala dei Cavalli*, in der sechs lebensgroße Pferde von korinthischen Säulen umrahmt und an deren reich verzierte Wände verschiedene Gottheiten abgebildet waren. Das von Putten und Ranken gestützte und mit Rosetten geschmückte Gewölbe gehörte dem Olymp und damit dem altgriechischen Sitz der Götter. Electras Blick wanderte von der Herkulesstatue zurück zu den Herzschatullen, die Michael in seinen Händen hielt.

»Jetzt kannst du das petrolblaue Herz öffnen.«

Das gleiche Spiel wieder. Er öffnete die fünfte Schatulle, legte sie in die sechste und die wiederum in die siebte.

»Dann denken wir jetzt an die vierte. Erinnerst du dich noch an sie?«

Michael erinnerte sich an die Begegnung mit der Berghexe Epiphania.

»Die Maske der Wünsche«. Es kam wie aus der Pistole geschossen.

»Sehr gut«, freute sie sich und nahm ihn mit in den Saal von *Amor und Psyche*. Ein einziges, großes Hochzeitsfest aus bunten Farben, erotischen Szenen, nackten Männern voller Gier, nackten Frauen voller Lust, dazwischen Elefanten, Kamelhirten, Schlangen und afrikanische Rituale. Auf dem Fußboden ein unendliches Labyrinth, hoch über ihnen im Zentrum des Gewölbes die Reinigung der Seele. Der ganze Raum wirkte wie ein Traum, mit Worten nicht zu beschreiben. Es gab so viel zu entdecken, zu erfahren. Bacchantinisches, Dionysisches. Warum die antiken Philosophen immer nur lesen? Warum nicht auch ihre Orgien feiern? Dieser Raum hier war nicht zu fassen! Und hätte Electras Stimme nicht die Stille durchschnitten, Michael hätte sich immer mehr im Labyrinth verirrt.

Jetzt betraten sie die *Sala dello Zodiaco*. Mit einer mächtigen Rautendecke, auf der Giulio Romano anhand von Fresken die zwölf Monate eines Jahres abbildete und den Einfluss von Planeten auf die Tierkreiszeichen der Menschen in runde Kreise malte. Mit Mosaikwänden und einem Marmorkamin. Die reinste Pracht.

Electra nahm ihm die gletscherblaue Schatulle ab und zeigte auf die taubenblaue.

»Und? Kannst du auch die dritte Maske noch sehen?«

Nun musste er wirklich überlegen. Die vielen Eindrücke des Palazzo raubten ihm langsam die Sinne. Dann aber fiel ihm der Franziskanermönch ein. Frater Salvatore.

»Ich denke, es war die Maske der Gedanken«, antwortete er.

»Denkst du oder weißt du?«

Er rekonstruierte seine bisherigen Erinnerungen ...Emotionen, Wünsche, Gedanken... am Anfang das Geheimnis...

»Ja ganz sicher. Die Gedanken.«

»Hut ab!«, bescheinigte sie ihm und ließ die fünf Herzen ineinander verschwinden. Er hatte nun nur noch das indigoblaue, in dem das kleine, türkisblaue steckte.

»Jetzt mach` dich auf was gefasst!«. Electras Stimme klang ernst.

Sie betraten die düstere *Sala dei Giganti*. Ein Palast im Palast und eine Welt für sich, deren Himmelsgewölbe in das Gemäuer der Wände überlief und mit dem von Kiesel überdeckten Boden eine untrennbare Einheit bildete. Ganz oben saß Zeus und schleuderte Blitze durch den Raum, während über brutal blickenden, bärtigen Riesenrebellen Häuser einstürzten und die Götter von hoch oben dem jüngsten Gericht fasziniert zusahen. Electra brachte Michael in eine Ecke des Saales und setzte sich in den Winkel der gegenüberliegenden Seite. Stille lag in der Luft, fühlbare Energie baute sich auf und große Zärtlichkeit erfüllte den Raum.

»Die zweite Schatulle. Weißt du noch?«

»Die Maske der Angst«, sagte er.

»...Angst, Angst, Angst...«. Dank der Klangwellen des Gewölbes hallte ein Echo durch den Raum, das in genau jenem Moment verstummte, als sich knapp siebzig Kilometer nördlich in einem kleinen Dorf namens Pai ein weißer Schmetterling in der Mitte eines Spinnennetzes verfing.

»Jetzt darfst du ihr die zweite Schatulle geben und die erste behalten«, sagte Electra, nachdem sie den großen Gigantensaal wieder verlassen hatten und durch den weiten, grünen Schlossgarten spazierten. »Die Zauberfragen hast du ja noch im Kopf, oder?«

»Aber selbstverständlich«, antwortete er. »Woher komme ich und wohin gehe ich?«

»Und? Hast du die Antwort darauf gefunden?«

»Ehrlich gesagt nicht«, gab Michael enttäuscht zu.

»Dann öffne jetzt das kleine, türkisblaue Herz!«

Er nahm den Deckel ab, doch die Schatulle war leer, da der Sternsaphir noch immer in der Vollmondschale lag.

»Tja, da ist nichts«, sagte er und zeigte ihr das Innere des Herzens.

»Nichts?«

»Nein, nichts. Das Herz ist leer.«

»Aber dann bist du der Lösung doch schon sehr nahe«, munterte sie ihn auf und legte ihren Arm um seine Hüfte. »Lass uns zur Grotte gehen.«

»Ich sehe keine Grotte.«

»Sie versteckt sich hinter dem kleinen Haus dort hinten im Park.«

Sie öffneten die Tür zu einer achteckigen Vorhalle und fanden sich in einem Durchgang wieder, der mit mystischen Symbolen verziert war und in einen kleinen, verwunschenen Garten führte. Tatsächlich, vor ihnen öffnete sich eine schmuckvolle, mit Muscheln und Mosaiksteinen geschmückte Felsgrotte. Electra legte alle sieben Herzschatullen der Größe nach auf den Rand einer Zisterne und sah Michael erwartungsvoll an.

»So. Jetzt spielen wir das Ganze noch einmal durch. Wie war die Zauberfrage?«

»Wo komme ich her, wo gehe ich hin?«

»Und welche vier Masken müssen fallen?«

»Die Angst, die Gedanken, die Wünsche und die Emotionen«, zählte er auf.

»Jetzt das Rätsel!«

»Wer mich hat, der will mich teilen. Doch wer mich teilt, der hat mich nicht mehr.«

»Na, geht doch. Und wenn du nun die siebte Schatulle öffnest, was findest du dann?«

Wieder öffnete er sie.

»Es tut mir leid, Electra, aber sie ist immer noch leer.«

»Mach die Augen auf, Michael. Du hast alle Masken abgelegt. Was siehst du nun?«

»Nichts. Einfach nur nichts!«

»Und schon ist das Rätsel gelöst! Die Antwort ist Nichts!«

Sie applaudierte und streckte den Daumen in die Höhe, während sich zur gleichen Zeit auf der Veranda der Villa Silvia ein kleines Drama abspielte. Der Schmetterling hatte keine Kraft mehr, sich aus den klebrigen Fängen der Spinne zu befreien und flatterte hektisch um sein Leben. Doch der alte Luciano brachte es nicht übers Herz, den weißen Falter vor seinen Augen verunglücken zu sehen. Er erhob sich, ging hinüber zu einem der Olivenbäume und knickte einen dünnen Ölzweig ab. Mit ihm durchtrennte er ganz vorsichtig das Netz und wartete, bis der Schmetterling sich in allerletzter Sekunde aus der Falle herauskämpfte und seiner neuen Freiheit entgegenflog.

Nichts.

*

»Was tust du da?«, fragte Michael, als Electra mit einem Seil einen Tonkrug an die Oberfläche holte, der in den Brunnen gelassen war.

»Ich möchte dir zeigen, was Nichts ist«, antwortete sie, kippte das Wasser in die Zisterne zurück und drückte ihm den Krug in die Hand.

»Wer möchte mir zeigen, was Nichts ist? Du? Oder sie?«.

Seit ihrem gestrigen Wiedersehen war es das erste Mal, dass Electra von sich in der Ichform sprach.

»Nein, nicht sie. Ab sofort bin ich es, die an deiner Seite ist«, lachte sie und zeigte mit dem Finger auf sich selbst. »Los, stell` dir vor, du bist der Krug und das Wasser in diesem Brunnen ist die Liebe.«

Er blickte hinunter und sah, wie sich sein Gesicht auf der Wasseroberfläche spiegelte.

»Alles klar«, sagte er und wartete gespannt auf das, was jetzt kam.

»Nun lass` den leeren Krug hinab ins Wasser und warte, bis er sich gefüllt hat.«

Michael versenkte den Tonkrug im Brunnen und verharrte eine Weile.

»Gut, jetzt ist er voll...«, sagte er.

»...aber davor war er leer«, entgegnete Electra und legte ihre Arme um ihn. »Mit der Liebe ist es genauso. Du kannst nicht lieben, weil du selbst Liebe bist. Der Krug ist im Wasser und das Wasser im Krug. Also bist du nicht nur von Liebe umgeben, sondern auch von ihr erfüllt. Das Wasser ist immer das Gleiche, ob innen oder außen. Ob im Krug oder um den Krug herum.«

»Du meinst, egal wo man herkommt und wo man hingeht, die Antwort darauf ist immer Liebe?«

»Ja! In der Liebe ist immer alles nichts und nichts ist alles. Das ist ihr wahres Gesicht!«, freute sie sich.

Michael sah, wie der Schleier ihre azurblauen Augen freigab und er sah auch, wie ihre Zunge über das Pink ihrer Lippen fuhr, die sich sanft auf seinen Mund legten und ihm einen langen, zarten und

161

sinnlichen Kuss schenkten. Ein Kuss, der nach Alles und Nichts schmeckte und nach Unendlichkeit schrie.

»Jetzt weißt du, wie sich die Liebe deines Lebens anfühlt«, fügte sie hinzu und legte die Herzen zurück in ihre Herzen.

Ja, das wusste er jetzt. Und er wusste auch, dass es von nun an nicht mehr wichtig war, geliebt zu werden, sondern dass es immer nur darauf ankam, zu lieben. Denn nur so konnte er sicher sein, dass sich niemals wieder ein trauriger, dünner Schleier über ihre Augen legte.

Was Michael Gutmann indessen nicht wusste:

All das, was er in den letzten sieben Tagen erlebte, war eine Komposition. Nicht seine, auch nicht ihre, sondern die eines graubärtigen Musikers. Einer, der mit Zigarillo und Gitarre auf seiner Veranda saß, Klarträumen nachhing und der sich vom Licht des Gardasees zu einem langen Blues-Song inspirieren ließ.

Aber jetzt mal ganz ehrlich, Hand aufs Herz! Können Sie wirklich sicher sein, dass sich nicht auch Ihre Liebesgeschichte in einem langen, bunten

Traum abspielt, den irgendwer da draußen träumte? Sind wir alle vielleicht doch nur himmlische Wesen, die in einer großartigen Vision irdische Momente sammeln?

Die Antwort darauf wird wohl immer ein Geheimnis bleiben. Der alte Luciano zumindest behielt sein kleines Geheimnis für sich. Denn würde er es mit jemandem teilen, dann hätte er keines mehr.

***

DANKSAGUNG

Gott sei Dank.

Vielen Dank auch an Sie, dass Sie dieses Buch gelesen haben! Ich hoffe, es hat Ihr Herz berührt.

Ein besonderes Dankeschön geht an den Bestsellerautor und Weisheitslehrer Ruediger Schache, der meiner kleinen und doch so großen Liebesgeschichte seinen "Segen" schenkte.

www.ruedigerschache.com

Möchten Sie die Erzählung weiterreichen oder jemandem eine Freude machen? Der "Benaco Blues" ist in jeder Buchhandlung erhältlich oder kann vor Ort bestellt und abgeholt werden. (ISBN 978-3-347-31558-7)

Sie finden das Buch auch im verlagseigenen Online-Shop:

www.tredition.de/buchshop/

Alles Wissenswerte für einen Aufenthalt am Gardasee bietet Ihnen das immer topaktuelle, deutschsprachige Informationsportal:

www.gardasee.de

News, Termine und Autorenlesungen:

www.sascha-ruck.de;www.freizeitschrift.info

Alles Liebe!

Patrick Sascha Ruck

(Gardasee/Ammersee, Sommer 2021)

Zeitfracht Medien GmbH
Ferdinand-Jühlke-Straße 7
99095 Erfurt, Deutschland
produktsicherheit@kolibri360.de